食品法律法规与标准

赵 珺 熊文明 主编

北京理工大学出版社
BEIJING INSTITUTE OF TECHNOLOGY PRESS

内容简介

食品法律法规与标准是食品质量与安全、食品检验检测技术专业的重要专业基础课程，是构筑食品安全基础防线、规范食品生产经营活动的行动指南。本书以高职院校食品相关专业的技能和职业综合素养为核心编写，以食品安全法为权威依据，结合食品检验最新国家标准和食品产业转型升级后产生的新知识，不断调整、优化教学内容，突出职业教育的类型特点。作为校企深度融合的教材，本书也可用于食品行业企业、第三方检测机构等人员的继续教育、社会培训等。

本书采用项目任务式体例编写，共三篇：第一篇介绍食品法律法规与标准基础；第二篇介绍食品法律法规及食品标准体系；第三篇介绍食品法律法规与标准的应用。

版权专有　侵权必究

图书在版编目（CIP）数据

食品法律法规与标准 / 赵珺，熊文明主编. — 北京：北京理工大学出版社，2025.1.
ISBN 978-7-5763-4958-0
Ⅰ. D922.16；TS207.2
中国国家版本馆 CIP 数据核字第 2025XC2458 号

责任编辑：钟　博　　文案编辑：钟　博
责任校对：周瑞红　　责任印制：施胜娟

出版发行	/ 北京理工大学出版社有限责任公司
社　　址	/ 北京市丰台区四合庄路 6 号
邮　　编	/ 100070
电　　话	/ （010）68914026（教材售后服务热线）
	（010）63726648（课件资源服务热线）
网　　址	/ http://www.bitpress.com.cn

版印次	/ 2025 年 1 月第 1 版第 1 次印刷
印　刷	/ 河北盛世彩捷印刷有限公司
开　本	/ 787 mm×1092 mm　1/16
印　张	/ 10.25
字　数	/ 226 千字
定　价	/ 68.00 元

图书出现印装质量问题，请拨打售后服务热线，负责调换

本书编写委员会

主　编

赵　珺　　　　　内蒙古化工职业学院

熊文明　　　　　广州科技贸易职业学院

副主编

张　磊　　　　　内蒙古化工职业学院

徐　龙　　　　　包头轻工职业技术学院

袁静宇　　　　　包头轻工职业技术学院

徐　敏　　　　　安徽粮食工程职业学院

张海龙　　　　　内蒙古化工职业学院

魏　元　　　　　包头轻工职业技术学院

张铭杰　　　　　内蒙古医科大学附属医院

参　编

苏日娜　　　　　内蒙古化工职业学院

薛宝玲　　　　　内蒙古农业大学职业技术学院

魏小雁　　　　　包头轻工职业技术学院

肖　瑀　　　　　合肥职业技术学院

潘浣钰　　　　　广州汇标检测技术中心

李拥军　　　　　广州科技贸易职业学院

前　言

依据高职院校食品相关专业人才培养的要求，编者在编写本书的过程中打破传统食品法律法规与标准教材的束缚，联合广州汇标检测技术中心的技术人员和广州科贸产业学院及全国多所高职院校的双师型教师共同设计教材内容，融合岗课赛证融通的元素，尝试以项目任务式体例进行编写，结合食品检验最新国家标准和食品产业转型升级后产生的新知识，不断调整、优化教学内容，增加实际应用内容，强化专业对接产业，促进产教融合。

本书贯彻落实《习近平新时代中国特色社会主义思想进课程教材指南》文件的要求和党的二十大精神。党的二十大报告将食品安全纳入国家安全体系，强调要"强化食品药品安全监管"。这是自党的十八大"四个最严"食品安全治理工作以来，又一次将食品安全提到更高的地位。食品行业的从业人员有责任将食品安全监管外延至社会共治，营造人人关心、人人维护食品安全的良好氛围。

本书采用项目任务式体例编写，共三篇：第一篇介绍食品法律法规与标准基础，包括"食品法律法规与标准概述"和"食品法律法规与标准的基础知识"两个项目；第二篇介绍食品法律法规及食品标准体系，包括"我国《食品安全法》及其他相关法律""我国食品法规""我国食品标准及标准体系"和"国际食品法律法规与标准概述"四个项目；第三篇介绍食品法律法规与标准的应用，包括"食品企业质量安全管理""产品认证合规管理"两个项目。每个项目由学习目标、项目导入及具体任务组成，每个任务由知识储备、任务实施、考核评价、思考练习、知识拓展组成。学习目标中融入素质目标，对食品法律法规与标准的内涵加以提炼；通过任务分解的方式让学生身临其境般地体验实际工作中食品法律法规与标准的应用。

本书由内蒙古化工职业学院赵珺、广州科技贸易职业学院熊文明担任主编，其他编写人员还有内蒙古化工职业学院张磊、张海龙、苏日娜，包头轻工职业技术学院徐龙、袁静宇、魏元、魏小雁，安徽粮食工程职业学院徐敏，内蒙古医科大学附属医院张铭杰，内蒙古农业大学职业技术学院薛宝玲，合肥职业技术学院肖瑀，广州科技贸易职业学院李拥军及广州汇标检测技术中心潘浣钰。

编者在本书的编写过程中参考了许多食品法律法规与标准的相关书籍，在此谨向相关作者表示诚挚的谢意。由于编者的水平和经验有限，本书中难免存在不足之处，敬请广大读者批评指正。

编　者

目 录

第一篇 食品法律法规与标准基础

项目一 食品法律法规与标准概述 …… 3
任务一 食品法律法规概述 …………… 4
一、法 …………………………………… 4
二、法律法规 …………………………… 5
三、食品法律法规 ……………………… 6
任务二 食品标准概述 ………………… 9
一、标准与标准化 ……………………… 9
二、标准的分类 ………………………… 9
三、标准的结构与编写 ………………… 12
任务三 食品法律法规与标准介绍 … 15
一、食品法律法规与标准的关系 … 15
二、法律法规与标准在国际贸易中的影响 ………………………… 16
三、我国食品法律法规与标准化历程 …………………………… 17

项目二 食品法律法规与标准的基础知识 ……………………………… 20
任务一 文献检索基础知识 …………… 21
一、法律法规文献检索 ………………… 21
二、标准文献检索 ……………………… 25
任务二 食品术语、图形符号及分类标准 ……………………… 28
一、食品术语及图形符号 …………… 28
二、食品分类标准 ……………………… 29

第二篇 食品法律法规及食品标准体系

项目三 我国《食品安全法》及其他相关法律 ……………………………… 35
任务一 《食品安全法》 ………………… 35
一、基本信息 …………………………… 36
二、主要内容 …………………………… 36
任务二 《产品质量法》 ………………… 42
一、基本信息 …………………………… 42
二、主要内容 …………………………… 43
任务三 《农产品质量安全法》 ……… 46
一、基本信息 …………………………… 46
二、主要内容 …………………………… 47
任务四 《标准化法》 …………………… 50
一、基本信息 …………………………… 51
二、主要内容 …………………………… 51

项目四 我国食品法规 ………………………… 55
任务一 《食品行政法规实施条例》 ……………………………… 56
一、食品行政法规的概念及制定程序 …………………………… 56
二、《食品安全法实施条例》介绍 …………………………… 57
三、《进出口商品检验法实施条例》介绍 …………………………… 58
任务二 食品规章与规范性文件 …… 61
一、食品规章 …………………………… 62
二、食品规范性文件 …………………… 63

项目五 我国食品标准及标准体系 …… 65
任务一 食品标准体系 ………………… 66
一、食品安全标准体系 ………………… 66

二、食品安全监管体系 …………… 70
任务二　食品安全国家标准 ………… 76
　一、食品中有毒有害物质限量的
　　　标准 …………………………… 77
　二、食品安全产品标准 …………… 79
　三、辐照食品卫生标准 …………… 79
任务三　食品添加剂和食品营养强化剂
　　　　标准 …………………………… 81
　一、《食品添加剂使用标准》 …… 81
　二、《食品营养强化剂使用
　　　标准》 ………………………… 83
　三、《食品添加剂标识通则》 …… 84
任务四　食品流通标准 ……………… 86
　一、食品接触材料及制品相关
　　　标准 …………………………… 86
　二、食品包装相关标准 …………… 88
　三、食品标签相关标准 …………… 89
　四、食品储运相关标准 …………… 90
任务五　食品检验标准 ……………… 95

　一、食品理化检验系列标准 ……… 96
　二、食品微生物学检验系列标准 … 97
任务六　食品产品标准 ……………… 100
　一、绿色食品标准 ………………… 100
　二、有机产品标准 ………………… 102
　三、保健食品标准 ………………… 103

项目六　国际食品法律法规与标准
　　　　概述 ………………………… 106
任务一　国际食品标准化机构 ……… 107
　一、CAC ……………………………… 107
　二、ISO ……………………………… 109
　三、IFOAM …………………………… 113
　四、FAO ……………………………… 114
任务二　国际食品法律法规与
　　　　标准 ………………………… 116
　一、欧盟食品法律法规与标准 …… 117
　二、部分发达国家食品法律法规与
　　　标准 …………………………… 119

第三篇　食品法律法规与标准的应用

项目七　食品企业质量安全管理 ……… 125
任务一　5S 现场管理 ………………… 125
　一、5S 现场管理的含义 …………… 126
　二、5S 现场管理的要求 …………… 126
任务二　ISO 9001 质量管理体系 …… 128
　一、ISO 9001 质量管理体系
　　　简介 …………………………… 129
　二、ISO 9001 质量管理体系
　　　原则 …………………………… 129
任务三　HACCP 体系 ………………… 132
　一、HACCP 体系简介 ……………… 132
　二、HACCP 体系的基本原理与
　　　实施步骤 ……………………… 132
任务四　ISO 22000 食品安全管理
　　　　体系 ………………………… 137
　一、ISO 22000 食品安全管理
　　　体系简介 ……………………… 137
　二、ISO 22000 食品安全管理
　　　体系的适用范围 ……………… 137

项目八　产品认证合规管理 …………… 142
任务一　绿色食品的认证程序和
　　　　管理 ………………………… 143
　一、绿色食品的认证程序 ………… 143
　二、绿色食品的认证管理 ………… 145
任务二　有机产品的认证程序及认证
　　　　和标志管理 ………………… 146
　一、有机产品的认证程序 ………… 147
　二、有机产品的认证管理 ………… 147
　三、有机产品的标志管理 ………… 148
任务三　农产品地理标志的认证
　　　　程序和管理 ………………… 150
　一、农产品地理标志的认证
　　　程序 …………………………… 150
　二、农产品地理标志的认证
　　　管理 …………………………… 150

参考文献 ……………………………… 153

第一篇 食品法律法规与标准基础

项目一　食品法律法规与标准概述

学习目标

知识目标
（1）熟悉法律法规的基本特征、食品法律法规的渊源；
（2）理解标准和标准化的基本概念及分类；
（3）掌握标准的结构和要素类型；
（4）了解法律法规与标准之间的关系。

技能目标
（1）理解法、法律、法规的概念；
（2）明确宪法是国家最高法的含义；
（3）能辨别不同类型的食品标准；
（4）会查阅并正确使用食品标准。

素质目标
（1）树立法律和标准意识；
（2）具备以食品标准为行为准则的职业素质以及从食品标准层面保证食品质量和安全的职业意识。

项目导入

从1949年至今，我国的标准化法治体系不断健全，标准数量和质量大幅提升，标准体系日益完善。截至2019年9月，我国共有国家标准36 877项、备案行业标准62 262项、备案地方标准37 818项、团体标准9 790项、企业自我声明公开的标准114万项。我国标准化改革也在稳步推进。2015年3月，国务院印发了《深化标准化工作改革方案》。目前，各项改革工作进展顺利，完成了强制性标准的整合精简，开展了推荐性标准的集中复审，培育发展了一批团体标准，放开搞活了企业标准，推动开展了地方标准化改革。我国还将加快形成推动高质量发展的标准体系，围绕国际标准转化、乡村振兴、传统产业提档升级、新产业发展、生态文明建设等方面，加快全面标准化建设，提升标准水平，完善标准体系，助力高质量发展。

任务一　食品法律法规概述

【知识讲解】

食品法律法规概述

一、法

(一) 概念

法是由国家制定或认可,并由国家强制力保证实施的,反映统治阶级意志的规范体系。这一意志的内容是由统治阶级的物质生活条件所决定的,它通过规定人们相互关系中的权力和义务,确认、保护和发展对统治阶级有利的社会关系和社会秩序。

(二) 基本特征

法是一种特殊的社会规范,具有规范性、国家意志性、国家强制性、普遍性和程序性等特征,这些特征是通过法的内容及权利和义务的规定来体现和调整的,以维护一定的社会关系和社会秩序。

1. 规范性

规范性是指法以清晰、确定的方式告诉人们在一定的条件下可以做什么、必须做什么、禁止做什么,规定人们的权利以及这些权利受到侵犯时应受到的保护,规定人们的义务以及拒绝履行这些义务应受到的制裁,即为人的行为规定了模式、标准和方向。法不同于一般的规范,它是一种调整人与人之间社会关系的社会规范。

2. 国家意志性

法是由国家制定和认可的,体现国家的意志,具有统一性和权威性,对全体社会成员包括统治阶级自身都具有约束力,以维护统治阶级的整体利益。国家制定是指通过相应的国家立法机关,按照法定程序,创制各种具有不同效力的规范性文件的活动。国家认可是指国家以一定形式承认并赋予某些已经实际存在的、有利于统治阶级的某种社会行为规则效力的活动,是创制法的一种形式。一个国家只能有一个总的法的体系,该体系中的各规范不能相互矛盾。

3. 国家强制性

法具有国家强制性,要通过依法运用强制力保证法的实施,以国家强制力保证法所规定的人们应该遵守的准则、权利和义务在现实中得以实现。违反法规定的行为,都将由国家的专门机关依照法定程序追究行为人的责任，责任人也将受到制裁，进而维护统治阶级的整体利益。例如，甲方欠乙方的钱不还，乙方将甲方起诉至法院，法院判决由甲方还钱，甲方拒不履行，乙方申请法院强制执行，法院执行部门将甲方银行存款冻结并扣划给乙方，这就是法的强制性的表现。

4. 普遍性

法的普遍性包括两个方面的内容：法的效力对象具有广泛性；法的效力具有重复性，法对人们的行为具有反复适用的效力。

5. 程序性

法的程序性体现在法在本质上要求实现程序化，而且程序的独特性质和功能也为保障法的效率和权威性提供了条件。法是按照法定的职权及方式发布的，有确定的表现形式，不同的法的形式表明法的地位和效力不同。法需要通过特定的国家立法机构，按照特定的立法程序制定，并形成特定的文件才能成立。

二、法律法规

（一）法律

法律有广义和狭义两层含义。广义的法律是指法的整体，即由国家机关制定或认可的，由国家强制力保证实施的，具有普遍效力的行为规范的总称，包括法律、有法律效力的解释及行政机关为执行法律而制定的规范性文件，在我国的法律制度中是指宪法、行政法规在内的一切规范性文件。在我国，狭义的法律是指全国人民代表大会及其常务委员会制定的规范性法律文件。

法律是一个国家、一个社会进行社会管理、维持社会秩序、规范人们生活的基本规则，也是一个社会、一个国家的民众在一定历史时期内共同生活所必须遵循的普遍规范，具有政治统治、社会管理和文化传播等多重功能。法律作为规则，对现代社会中的每一个国家、政府乃至每一个公民都是至关重要的，没有法律就不可能有现代的国家，就不可能有现代的社会文明，也不可能有现代的生活。

（二）法规

1. 法规的含义

广义的法规是指由权力机构制定的具有法律效力的文件（ISO/IEC 第2号指南）。在我国，法规是指除了宪法以外，包括法律、行政法规、规章以及地方性法规等在内的一切规范性文件。狭义的法规特指由国务院制定的行政法规。

2. 技术法规

技术法规是世界贸易组织（World Trade Organization，WTO）的《技术性贸易壁垒协议》（简称《TBT协议》）中使用的概念，是用于界定国际货物贸易壁垒作用的一类技术性贸易措施。《TBT协议》附录1中将技术法规定义为：规定强制执行的产品特性或其相关工艺和生产方法，包括适用的管理规定在内的文件。技术法规也可以包括或专门规定用于产品、加工或生产方法的术语、符号、包装、标志或标签要求方面的内容，它有时也可称为指令、法规、法律。在该文件中，技术法规必须符合三条标准：①文件必须适用于某个或某类可确认的产品；②文件必须制定产品的一个或多个特性；③文件必须是强制性的。

三、食品法律法规

（一）食品法律法规的概念

食品法律法规是指由国家制定或认可，以加强食品安全监督管理为目的，通过国家强制力保证实施的法律规范的总和。制定食品法律法规的目的是保证食品的安全，防止食品污染和有害因素对人体的危害，保障人民身体健康，增强人民体质，这也是食品法律法规与其他法律规范的重要区别所在。

食品法律法规体系是以法律或政令形式颁布的，是对全社会有约束力的权威性规定，既包括法律规范，也包括以技术法规为基础所形成的各种法规。目前，占主导地位的《中华人民共和国食品安全法》（以下简称《食品安全法》）与《中华人民共和国农产品质量安全法》《中华人民共和国产品质量法》（以下简称《产品质量法》）等数部单行的有关食品安全的法律以及诸如《中华人民共和国消费者权益保护法》《中华人民共和国进出口商品检验法》《中华人民共和国商标法》等法律中有关食品安全的相关规定，共同构成了我国食品法律法规体系框架。

（二）食品法律法规的渊源

食品法律法规的渊源又称为食品法律法规的法源，是指食品法律法规的各种具体表现形式，它是由具有不同立法权的国家机关制定或认可的，具有不同法律效力或法律地位的各类规范性食品法律文件的总称。

1. 宪法

宪法是国家的根本大法，是国家最高权力机关通过法定程序制定的具有最高法律效力的规范性法律文件。它规定国家的根本制度和根本任务，调整了国家的根本制度与公民的基本权利和义务等最根本的全局性的问题。宪法具有最高的法律效力，是其他一切法律法规制定的依据。宪法不仅是食品法律法规的重要渊源，还是制定食品法律法规的来源和基本依据。我国宪法由全国人民代表大会按特殊程序制定和修改。

2. 食品法律

食品法律是确保食品安全、保障公众身体健康和生命安全的重要法律体系。在我国，食品法律主要包括《食品安全法》及其配套法规，以及《中华人民共和国农产品质量安全法》等相关法律。法律分为基本法律和一般法律两类。基本法律是由全国人民代表大会制定的调整国家和社会生活中带有普遍性的社会关系的规范性法律文件的统称，如刑法、民法、诉讼法，以及有关国家机构的组织法等法律。一般法律是由全国人民代表大会常务委员会制定的调整国家和社会生活中某些具体社会关系或其中某一方面内容的规范性文件的统称。

3. 食品行政法规

食品行政法规是国务院根据宪法和法律的规定，在其职权范围内制定的关于国家食品行政管理活动的规范性文件，其地位和效力仅次于宪法和食品法律，但高于地方性法规、规章。食品行政法规报全国人民代表大会常务委员会备案。我国食品行政法规主要有《中华人民共和国食品安全法实施条例》（简称《食品安全法实施条例》）、《乳品质量安全监督管理条例》等。

4. 地方性食品法规

地方性食品法规是指各省、自治区、直辖市以及设区的市的人民代表大会及其常委会根据本行政区域的具体情况和实际需要制定的，适用于本行政区域的有关食品行政管理活动的规范文件的总称。地方性食品法规和地方其他规范性文件不得与宪法、食品法律和食品行政法规抵触，否则无效。

5. 食品自治条例与单行条例

食品自治条例与单行条例是由民族自治地方的人民代表大会依照当地民族的政治、经济和文化的特点制定的食品规范性文件的总称。食品自治条例和单行条例可以依照当地民族的特点，对法律和行政法规的规定作出变通规定，但不得违背法律或者行政法规的基本原则，不得对宪法和民族区域自治法的规定以及其他有关法律、行政法规专门就民族自治地方所作的规定作出变通规定。

6. 食品规章

国务院各部、委员会、中国人民银行、审计署和具有行政管理职能的直属机构，可以根据法律和国务院的行政法规、决定、命令，在本部门的权限范围内制定部门规章。例如，《学校食品安全与营养健康管理规定》为国家市场监督管理总局制定的食品部门规章。地方政府规章是省、自治区、直辖市和较大的市的人民政府，根据法律、行政法规和本省、自治区的地方性法规制定的规范性文件的总称。地方政府食品规章仅在本地区内有效。例如，《宁夏回族自治区食品小摊点备案管理办法（试行）》就是宁夏回族自治区人民政府制定的地方政府食品规章。

7. 食品标准

由于食品法律法规的内容具有技术控制和法律控制的双重性质，所以食品标准、食品技术规范和操作规程也成为食品法律法规渊源的重要组成部分。值得注意的是，这些标准、规范和规程的法律效力虽然不及法律法规，但在具体的执法过程中，它们的地位又是相当重要的，因为食品法律法规只对一些问题作了原则性规定，而对某种行为的具体控制则需要依靠标准、规范和规程。因此，从一定意义上说，只要食品法律法规对某种行为作了规范，那么食品标准、规范和规程对这种行为的控制就有了法律效力。

8. 其他规范性文件

规范性文件不属于法律、行政法规和部门规章，也不属于标准等技术规范，规范性文件包括国务院或有关行政部门和地方政府或相关行政部门所发布的各种通告、公告等。规范性文件同样是食品法律体系的重要组成部分，也是不可缺少的，如《国务院关于设立国务院食品安全委员会的通知》、《市场监管总局印发〈关于进一步加强婴幼儿谷类辅助食品监管的规定〉的通知》（国市监食生〔2018〕239号），以及对原国家食品药品监督管理总局发布的《关于规范保健食品功能声称标识的公告》（2018年第23号）中有关问题的解读等。

9. 国际条约

国际条约是指我国与外国签订的具体规范性内容的国际协定或者我国批准加入并生效的国际法规范性文件。它可由国务院按职权范围同外国缔结相应的条约和协定。与食品有关的国际条约虽然不属于我国国内法的范畴，但其一旦生效，除我国声明保留的条款外，就与我国国内法一样对我国国家机关和公民具有约束力。

任务实施

根据以上知识点完成所给任务单,任务单如表 1-1 所示。

表 1-1　食品法律法规学习任务单

学生姓名:　　　　　　　班级:　　　　　　　日期:

任务分解	判断《食品安全法实施条例》的地位、效力及其在宪法、法律法规中的位置	
	查阅《TBT 协议》,写出属于技术法规的符号	
	写出《关于规范保健食品功能声称标识的公告》所属法律法规类别	

考核评价

食品法律法规考核评价表如表 1-2 所示。

表 1-2　食品法律法规考核评价表

学生姓名:　　　　　　　班级:　　　　　　　日期:

评价方式	考核项目		评价要求	评价分数
自我评价 (20 分)	相关知识		了解法、法律、法规的概念	
	任务准备		知道食品法律法规的渊源	
同伴互评 (20 分)	参与度		1. 目标和分工 2. 任务完成效率	1. 目标和分工合理 2. 能高效完成分配任务 3. 能及时总结和反馈	
教师评价 (60 分)	课前	通用能力	课前预习任务	能说出法、法律、法规的不同	
	课中	专业能力	完成任务	1. 会查阅《TBT 协议》 2. 能判断所给条例的地位和效力 3. 能根据所给公告写出其所属类别	
	课后	职业素养	发现并解决问题的能力	明确宪法的地位以及在实际工作中食品法律法规的应用	
		知识拓展	信息化手段的应用	利用相关网络课程资源丰富知识体系	

思考练习

(1) 食品法律法规的渊源有哪些?
(2) 食品法律法规的效力范围是什么?
(3) 根据《中华人民共和国立法法》的规定,只能制定法律的事项有哪些?

知识拓展

标准化

任务二　食品标准概述

【知识讲解】

食品标准概述

一、标准与标准化

(一) 标准

《标准化工作指南 第1部分：标准化和相关活动的通用术语》（GB/T 20000.1—2014）对"标准"（standard）的定义是："通过标准化活动，按照规定的程序经协商一致制定，为各种活动或其结果提供规则、指南或特性，供共同使用和重复使用的文件"。它以科学、技术和经验的综合成果为基础，经有关方面协商一致，由主管机构批准，以特定形式发布，作为共同遵守的准则和依据，从本质上属于技术规范的范畴。食品标准是企业科学管理的基础，是国家管理食品行业的依据。

(二) 标准化

《标准化工作指南 第1部分：标准化和相关活动的通用术语》（GB/T 20000.1—2014）对"标准化"（standardization）的定义是："为了在既定范围内获得最佳秩序，促进共同效益，对现实问题或潜在问题确立共同使用和重复使用的条款以及编制、发布和应用文件的活动"。标准化的主要效益在于为了产品、过程或服务的预期目的改进它们的适用性，促进贸易、交流以及技术合作。标准是文件或实物，而标准化是制定、发布、实施标准的活动。

二、标准的分类

(一) 根据标准的适用范围分类

根据《中华人民共和国标准化法》（简称《标准化法》），我国标准分为国家标准、行业标准、地方标准、团体标准和企业标准5级。

1. 国家标准

我国的国家标准是由国务院标准化行政主管部门编制计划、组织草拟、统一审批、编号、发布的。国家标准的年限一般为5年，超过年限后，国家标准就要被修订或重新制定。此外，随着社会的发展，国家需要制定新的标准来满足人们生产、生活的需要。国家标准编号由国家标准代号 GB（或 GB/T）、发布顺序号和发布年号三部分组成，如《食品安全国家标准 预包装食品标签通则》（GB 7718—2011）。

2. 行业标准

对没有国家标准而又需要在全国某个行业范围内统一的技术要求，可以制定行业标准。制定行业标准的项目由国务院有关行政主管部门确定。行业标准由国务院有关行政主管部门编制计划、组织草拟，统一审批、编号、发布，并报国务院标准化行政主管部门备案。行业标准是对国家标准的补充，不得与有关国家标准抵触。有关行业标准之间应保持协调、统一，不得重复。行业标准应在相应国家标准实施后自行废止。行业标准代号由国务院标准化行政主管部门规定，如轻工行业标准代号为 QB。

3. 地方标准

对没有国家标准和行业标准而又需要在省（自治区、直辖市）范围内统一的工业产品的安全要求，可以制定地方标准。地方标准由省（自治区、直辖市）标准化行政主管部门统一编制计划、组织制定、审批、编号和发布，还需报国务院标准化行政主管部门和国务院有关行业行政主管部门备案。地方标准的代号由汉语拼音字母"DB"加省（自治区、直辖市）行政区域代码的前两位数字组成。地方标准应在相应的国家标准或行业标准实施后自行废止。

4. 团体标准

团体是指具有法人资格，且具备相应专业技术能力、标准化工作能力和组织管理能力的学会、协会、商会、联合会和产业技术联盟等社会团体。团体标准是由团体按照团体确定的标准制定程序自主制定、发布，由社会自愿采用的标准。团体标准是国家标准、行业标准、地方标准的补充，我国鼓励将实施效果良好的团体标准转化为国家标准及行业标准。

《团体标准化 第 1 部分：良好行为指南》（GB/T 20004.1—2016）为团体提供了团体开展标准化活动的一般原则、团体标准化的组织管理、团体标准的制定程序和编写规则等方面的良好行为指南。

5. 企业标准

企业标准是对企业范围内需要协调、统一的技术要求、管理要求和工作要求所制定的标准。企业标准是企业组织生产和经营活动的依据。通常在以下两种情况下需要制定企业标准。

（1）企业生产的产品在没有相应的国家标准、行业标准和地方标准时，应当制定企业标准，作为组织生产的依据。

（2）已有相应的国家标准、行业标准和地方标准时，国家鼓励企业在不违反相应强制性标准的前提下，制定充分反映市场、用户和消费者要求的企业标准，在企业内部适用。企业标准代号用 Q 表示。

从标准的法律级别上来讲，国家标准高于行业标准，行业标准高于地方标准，地方标准高于企业标准。但从标准的内容上讲，标准的级别却不一定与法律级别一致。一般来讲，企业标准的某些技术指标应严于地方标准、行业标准和国家标准。

（二）根据标准的法律约束性分类

根据标准的法律约束性，标准可分为强制性标准、推荐性标准和指导性技术文件三大类。

1. 强制性标准

强制性标准是国家技术法规的重要组成部分，其范围限制在国家安全、防止欺诈行为、保护人员健康与安全、保护动植物的生命和健康及保护环境等 5 个方面。

强制性标准又分为全文强制和条文强制。标准的全部内容需要强制时，为全文强制形式；标准中的部分技术内容需要强制时，为条文强制形式。强制性标准必须执行，具有法律属性，对不符合强制标准的产品，禁止生产、销售和进口。根据《标准化法》的规定，企业和有关部门对涉及其经营、生产、服务和管理的内容，都必须严格执行强制性标准，任何单位和个人不得擅自更改或降低标准，对未按规定执行强制性标准而造成不良后果或发生重大事故者，由法律、行政法规规定的行政主管部门依法根据情节轻重给予行政处罚，如果情节特别严重、构成犯罪，则还会移交司法机关，由司法机关追究其刑事责任。

国家强制性标准的代号为 GB，是"国标"两字拼音首字母大写，如《食品安全国家标准 食品添加剂使用标准》（GB 2760—2014）。

2. 推荐性标准

推荐性标准也称为指导性标准、自愿性标准，是非强制执行的标准，是指在生产、交换、使用等方面，通过经济手段或市场调节而自愿采用的一类标准。对于推荐性标准，各方有选择的自由，但在下列条件下，推荐性标准可以转化成强制性标准，具有强制性标准的作用：①被行政法规、规章所引用；②被合同、协议所引用；③被使用者声明其产品符合某项标准。推荐性标准不受政府和社会团体的利益干预，能更科学地规定特性或指导生产。《标准化法》鼓励企业积极采用推荐性标准，为了防止企业利用标准欺诈消费者，要求采用低于推荐性标准的企业标准组织生产的企业向消费者明示其产品标准编号。

推荐性标准常用大写字母"T"表示。

3. 指导性技术文件

指导性技术文件是一种推荐性标准化文件，是为了给处于技术发展过程中的标准化工作提供指南或信息，供科研、设计、生产、使用和管理等有关人员参考使用而制定的标准文件。

符合下列情况的文件可判定为指导性技术文件。

（1）技术尚在发展中，需要有相应的标准文件引导其发展或具有标准价值，尚不能制定为标准的。

（2）采用国际标准化组织、国际电工委员会及其他国际组织的技术报告。

指导性技术文件由国务院标准化行政主管部门统一管理，由指导性技术文件代号 GB/Z、顺序号和年号构成，如《食品营养成分基本术语》（GB/Z 21922—2008）。

(三) 根据标准的性质分类

根据标准的性质，标准可分为技术标准、管理标准和工作标准三大类。

1. 技术标准

技术标准是指对标准化领域中需要协调统一的技术事项所制定的标准。它是从事生产、建设及商品流通的人员共同遵守的技术依据。技术标准的分类方法很多，如按标准化对象特征和作用分类，可分为食品工业基础及标准中涉及技术的部分、食品产品标准、食品安全标准、食品添加剂使用标准、食品包装材料及容器标准、食品检验方法标准、食品流通标准等。我国食品标准基本上是按照标准化的对象和作用进行分类并编辑出版的。

2. 管理标准

管理标准是指对标准化领域中需要协调统一的管理事项所制定的标准。它主要规定人们在生产活动和社会生活中的组织结构、职责权限、过程方法、程序文件以及资源分配等事项，是合理组织国民经济、正确处理各种生产关系、正确实现合理分配、提高生产效率和效益的依据。

管理标准包括技术管理标准、生产管理标准、经营管理标准、劳动管理标准等。例如，《质量管理体系要求》（GB/T 19001—2016）、《食品安全管理体系食品链中各类组织的要求》（GB/T 22000—2006）等都属于管理标准。

3. 工作标准

工作标准也称为工作质量标准，是对标准化领域中需要协调统一的工作事项所制定的标准，它的对象是人的工作、作业、操作或服务程序和方法。工作标准是人的行为准则的基本依据，目前主要由企业自行制定，包括管理、操作和服务岗位的岗位职责、工作程序、工作内容与要求、工作质量考核等方面的标准，它是衡量工作质量的依据和准则。此外，工作标准按照其形态分类有标准文件和实物标准。标准文件即用文字表达的标准；实物标准包括各类计量器具、标准物质、标准样品（如农产品、面粉质量等）等。

三、标准的结构与编写

（一）标准的结构

标准的结构即标准（或部分）的章、条、段、表、图和附录的排列顺序。由于标准化对象不同，所以各类标准的结构及其包含的具体内容也各不相同。为了便于标准使用者理解、正确使用和引用标准，起草者在起草标准时应遵循以下有关标准内容和层次划分的统一规则。

1. 按内容划分

（1）标准内容划分的通则。由于标准之间的差异较大，所以较难建立一个被普遍接受的内容划分规则。通常，针对一个标准化对象应编制一项标准并作为整体出版；在特殊情况下，可编制若干个单独的标准或在同一个标准顺序号下将一项标准分成若干个单独的部分。标准分成单独的部分后，需要时，每一部分可以单独修订。

（2）部分的划分。标准化对象的不同方面，如健康和安全要求、性能要求、维修和服务要求、安装规则以及质量评定等，可能分别引起各相关方（如生产者、认证机构、立法机关等）的关注时，应清楚地区分这些不同方面，最好将它们分别编制成一项标准的若干个单独的部分。将一项标准分成若干个单独的部分，可使用下列两种方式：①将标准化对象分为若干个特定方面，各部分分别涉及其中的一个方面，并且能够单独使用；②将标准化对象分为通用和特殊两个方面，通用方面作为标准的第1部分，特殊方面（可修改或补充通用方面，但不能单独使用）作为标准的其他各部分。

（3）单独标准的内容划分。标准是由各类要素构成的。一项标准的要素可按下列方式进行分类。

①按要素的性质，可分为资料性要素和规范性要素。

②按要素的性质以及它们在标准中的具体位置，可分为资料性概述要素、规范性一般

要素、规范性技术要素和资料性补充要素。

③按要素的必备的或可选的状态,可分为必备要素和可选要素。

2. 按层次划分

(1) 概述。由于标准化对象不同,所以标准的构成及其所包含的具体内容也各不相同。在编制某个标准时,为了便于读懂通解、正确使用和引用标准,层次的划分一定要安排得当、构成合理、条理清楚、逻辑性强,有关内容要相对集中地编排在同一层次内。在两套标准中可能具有的层次及第一个层次内,所包含的内容应是相关联的,或是同一个主题。

(2) 部分。部分是指以同一个标准顺序号批准发布的若干独立的文本,是某项标准的部分,不应将部分再细分为分部分。

部分的构成与单独标准一致,一般由资料性概述要素、规范性一般要素、规范性技术要素、资料性补充要素以及与之对应的各组成要素组成。部分的序号用阿拉伯数字表示,按隶属关系放在标准顺序号之后,并用齐底圆点隔开,例如 GB/T 1.1 表示 GB/T 1 标准的第 1 部分。

(3) 章。章是标准内容划分的基本单元。每章可包括若干条或若干段。应使用阿拉伯数字从 1 开始对章编号。编号应从"范围"一章开始,一直连续到附录之前。每一章均应有章标题,并应置于编号之后,如"1 范围"。

(4) 条。条是章的有编号的细分单元。每条可包括若干段。第一层次的条可以再细分为第二层次的条,需要时可分到第五层次。一章中有两个或两个以上条时才可设条。例如,在第 10 章中,如果没有 10.2,就不应设 10.1。

(5) 段。段是章或条的细分,段不编号。某一章或条可包括若干段。

(6) 列项。列项适用于需对某事项列举分承,且较为简短的内容,它可以附属于某一章、条或段内。列项应由一段后跟冒号的文字引出,在列项的各项之前应使用列项符号(破折号或圆点)。列项可用一个完整的句子开头引出;或者用一个句子的前半部分开头,然后通过该句自有的分行列举的各项来补充完成。

(二) 标准的编写

1. 标准编写的具体要求

1) 资料性概述要素的编写

一项典型标准的材料性概述要素一般由封面、目次、前言和引言四个要素构成,其中封面、前言为必备要素,目次、引言为可选要素。

2) 规范性一般要素的编写

一项典型标准的规范性一般要素由名称、范围、规范性引用文件三个要素构成,其中名称和范围为必备要素,规范性引用文件为可选要素。

3) 规范性技术要素的编写

规范性技术要素是标准的主要要素。由于标准化对象不同,各项标准的构成及其所包含的内容也有所不同,包括术语和定义,符号、代号和缩略语,要求,分类、标记和编码,规范性附录。

4) 资料性补充要素的编写

资料性补充要素包括资料性附录、参考文献、索引,且全为可选要素,要根据标准的具体条款来确定是否设置,且根据情况依次按附录、参考文献和索引的顺序起草,遵守

GB/T 7714 的有关规定。

5）要素的表述

（1）要素表述的通则。①条款的类型，标准中的条款可分为要求型条款、推荐型条款和陈述型条款三类；②标准中的要求应容易识别；③技术要素的表达；④汉字和标点符号。

（2）要素表述的其他要求。标准中条文的注、示例、脚注、图和表等应按 GB/T1.1 中相关条款的要求进行编写。

2. 标准起草的其他规则

除了上述关于各类要素的编写要求以外，《标准化工作导则第 1 部分：标准化文件的结构和起草规则》（GB/T 1.1）还规定了引用，全称、简称和缩语，商品名，专利，数值的选择，数和数值的表示，量、单位及其符号，数学公式，以及编排格式等的编写规则。

任务实施

自选预包装食品样品完成任务单，任务单如表 1-3 所示。

表 1-3 食品标准分类任务单

学生姓名：		班级：	日期：
任务分解	写出选定的食品样品名称，并将食品样品标签中的信息归类		
	写出食品样品标签中的标准号		
	根据标准号查阅相关标准，判定该标准所属分类		

考核评价

食品标准分类考核评价表如表 1-4 所示。

表 1-4 食品标准分类考核评价表

学生姓名：			班级：		日期：
评价方式	考核项目		评价要求		评价分数
自我评价（20分）	相关知识		能说出标准和标准化的区别		
	任务准备		能阅读食品标签		
同伴互评（20分）	参与度		1. 目标和分工 2. 任务完成效率	1. 目标和分工合理 2. 能高效完成分配任务 3. 能及时总结和反馈	
教师评价（60分）	课前	通用能力	课前预习任务	能准确说出标准的分类	
	课中	专业能力	完成任务	1. 会阅读食品标签中的标准 2. 可快速利用文献检索网站查找相关食品标准文献 3. 能正确识别食品的标准类别	
		职业素养	发现并解决问题的能力	能判定标准是否现行有效	
	课后	知识拓展	信息化手段的应用	利用相关网络课程资源丰富知识体系	

思考练习

（1）标准和标准化的概念及二者的区别是什么？
（2）标准的分类方式有哪几种？
（3）在什么情况下需要制定企业标准？
（4）标准的层次是如何划分的？
（5）标准的规范性技术要素包括哪些内容？

知识拓展

《食品安全标准管理办法》解读

任务三　食品法律法规与标准介绍

知识储备

【知识讲解】

食品法律法规与标准

一、食品法律法规与标准的关系

食品法律法规是制定食品标准的依据和基础，食品标准是对食品质量、安全、卫生等方面的具体规定，是食品安全法律法规的具体化。食品法律法规通过制定和执行相关食品标准来规范食品生产经营者的行为，要求食品生产经营者按照食品法律法规的要求进行生产、加工、储存、运输和销售等活动，确保食品的安全和质量。同时，食品标准也是食品法律法规的补充和完善，随着食品科学技术的发展和消费者需求的变化，食品标准需要不断更新和完善，以适应新的食品安全监管要求。

食品法律法规与标准都是保障食品安全的重要手段，它们共同构成了食品安全监管系统的法律基础和技术支撑。在食品安全监管工作中，需要充分发挥食品法律法规与标准的协同作用，共同维护食品市场的安全和稳定。

二、法律法规与标准在国际贸易中的影响

(一) 国际标准对国际贸易的影响

国际标准是国际贸易的基石，也是国际通用的技术语言。国际标准对国际贸易的发展有重要的影响，这种影响有积极的一面，也有消极的一面。积极的影响即国际标准促进了国际贸易的发展；消极的影响，即国际标准阻碍了国际贸易的发展，也就是国际标准造成了贸易技术壁垒（或技术性贸易壁垒）。

（1）国际标准促进国际贸易。一方面，国际标准的统一性和通用性有助于减少国际贸易中的技术壁垒和障碍，使各国商品和服务能够更顺畅地进入国际市场，能解决市场信息不对称问题，从而降低交易成本，提升交易效率。另一方面，国际标准能提升产品竞争力。国际标准通常包含对商品和服务的质量、安全、环保等方面的要求，这些要求有助于保障产品的质量和安全。通过遵循国际标准，各国可以确保出口商品符合国际质量标准，提高商品的质量和信誉，从而增强商品的竞争力。国际标准还可以为各国政府提供监管依据，有助于加强国际贸易的规范和监管。

（2）国际标准抑制国际贸易。其最主要的原因是国际标准已成为新贸易保护政策的工具。一方面，由于发达经济体在国际标准制定领域长期掌握话语权，国际标准多反映发达国家的市场需求，使发展中国家要花大量的人力、物力满足发达国家制定的国际标准。另一方面，发展中国家低水平的技术标准很难阻挡国外产品进入国内市场，发达国家经常利用自身的技术标准优势，抢夺发展中国家的市场，给发展中国家造成困扰。与其他的贸易保护手段相比，国际标准更隐蔽，更不易被察觉。

国际标准是创新型国家进行国际贸易的主要手段。我国要成为创新型国家，转变经济发展方式，使我国国际贸易方式由技术含量低的商品贸易向以技术交易为主的高端贸易转变。因此，发挥国际标准在转变经济发展方式，尤其是转变国际贸易方式上的作用无疑是十分重要的。这就需要结合我国的国情，广泛而深入地开展对标准促进国际贸易可持续发展的路径、方式和相关理论问题的研究，尤其是对"技术专利化，专利标准化，标准国际化"的国际贸易规则开展研究，以满足理论研究和实际应用的需要。

(二) WTO 的《TBT 协议》在国际贸易中的影响

《TBT 协议》是 WTO 管辖的一项多边贸易协议，是在关贸总协定东京回合同名协议的基础上修改和补充的。

WTO 致力于通过协商和谈判促进世界范围内的贸易自由化和经济全球化。此外，WTO 还在农业、纺织品贸易、安全保障措施、反倾销与反补贴、投资、服务贸易、知识产权以及运作机制等方面作出了有利于贸易发展的规定，这些协定和协议都将改善世界贸易自由化和全球经济一体化，使世界性的分工向广化与深化发展，为国际贸易的发展奠定稳定的基础，使对外贸易在各国经济发展中的作用更为重要。WTO 使传统的贸易政策措施得到改观。世界贸易制度将进入协商管理贸易时代，各国的贸易政策将建立在双赢的基础上，使"贸易保护"和"贸易制裁"的作用与含义都发生了很大的变化。在 WTO 的推动下，世界市场的竞争由单一式的竞争转变为综合式的竞争，由粗放式的竞争转变为集约式的竞争，并且企业也由金字塔式的组织机构转变为矩阵式的组织机构，以及由规模经济

转变为规范经济。

制定《TBT协议》的目的是在贸易技术壁垒方面为各成员的贸易行为和必须履行的义务进行规范，以减少和消除贸易技术壁垒，实现国际贸易的自由化和便利化。但实际上贸易技术壁垒在国际贸易中扮演着双刃剑的角色。

贸易技术壁垒是非关税壁垒的重要组成部分，可能阻碍国际贸易的发展。进口国通过颁布法律、条例和规定，建立技术标准、认证制度、检验检疫制度等方式制定对外国进口商品的技术、卫生检疫、商品包装和标签等标准，这些标准会形成对进口商品的贸易壁垒，从而提高进口商品的要求，增加进口难度，最终达到限制进口的目的。这在一定程度上保护了国内产业和市场，但同时也可能导致贸易技术壁垒的滥用，影响国际贸易的正常发展。

贸易技术壁垒也可以促进国际贸易的发展。当进口国制定合理的技术标准和法规时，可以促进外国出口商提高商品的质量和技术水平，从而推动国际贸易的健康发展。同时，贸易技术壁垒还可以保护人类健康和安全、保护动植物的生命及健康、保护生态环境等，这些都是国际贸易中不可忽视的重要因素。

三、我国食品法律法规与标准化历程

在中华人民共和国成立初期，食品安全的概念主要局限于数量安全方面，因为解决温饱问题是当时食品安全最大的目标。1964年，由卫生部、商业部、第一轻工业部、中央工商行政管理局、全国供销合作总社联合制定实施的《食品卫生管理试行条例》成为中华人民共和国成立以来第一部综合性食品卫生管理法规。1966—1976年，食品卫生立法、卫生监督体系建设和卫生检疫防疫工作几乎全面停顿，没有任何进展。

十一届三中全会之后，大量个体经济和私营经济进入餐饮行业和食品加工行业，食品生产经营渠道和面貌日益多元化、复杂化，污染食品的因素和食品被污染的机会随之增多，出现了食物中毒事故数量不断上升的态势，严重威胁人民的健康和生命安全。全社会改善食品卫生环境的需求日益迫切，对健全食品卫生法治建设提出了新的要求。

1981年4月，国务院着手起草食品卫生法律法规，并在广泛征求意见的基础上进行十多次反复修改，最终全国人大常委会于1982年11月19日通过了《中华人民共和国食品卫生法（试行）》，该法于1983年7月1日起开始试行。该法在内容上相对于之前的食品安全管理和控制体制而言，取得了一定的进步和突破。这部试行法的基本内容包括食品的卫生、食品添加剂的卫生等。1995年10月，在第八届全国人大常委会第十六次会议上，在当时国务院法制局和卫生部的推动下通过修订正式形成《中华人民共和国食品卫生法》（简称《食品卫生法》），以适应新的形势。

《食品安全法》于2009年6月1日起取代了《食品卫生法》，作为食品安全领域的基本法开始施行。《食品安全法》在规范食品生产经营活动、保障食品安全方面发挥了重要作用，食品安全整体水平得到了提升，食品安全形势总体稳中向好。与此同时，我国食品企业违法生产经营现象仍然存在，食品安全事件时有发生，食品安全形势依然严峻。2013年10月10日，经过修订工作组各界专家的讨论和起草，原国家市场监督管理总局向国务院报送了《中华人民共和国食品安全法（修订草案送审稿）》，拉开了对《食品安全法》进行修订的大幕。2015年4月24日，第十二届全国人民代表大会常务委员会第十四次会议通过新修订的《食品安全法》。2018年12月29日，第十三届全国人民代表大会常务委

员会第七次会议对新修订的《食品安全法》进行了修正。经过这次修正，《食品安全法》成为我国有史以来在监管力度上最为严格、在监管理念上最为先进、在监管制度上最为合理的食品安全法律。

在 1949 年 10 月成立的中央技术管理局设有标准化规划处，这是我国第一个标准化机构。1957 年，在国家技术委员会内设立标准局，开始对全国的标准化工作实行统一领导。

1962 年，国务院发布了《工农业产品和工程建设技术标准管理办法》，这是我国第一个标准化管理法规，对标准化工作的方针、政策、任务及管理体制等都作出了明确的规定。1965 年，我国制定了《食品卫生管理试行条例》，这是我国第一个食品卫生领域的行政法规，该法规首次提出"食品卫生标准"这一概念。

1979 年，国务院批准颁布了《中华人民共和国标准化管理条例》。1988 年，国务院批准成立国家质量技术监督局统一管理全国的标准化工作。1989 年 4 月 1 日，《标准化法》开始实施，我国标准化工作逐步走上依法管理的轨道。随着我国标准化的发展，我国在食品领域制定和颁布了一系列与食品质量相关的标准。

从 2001 年 6 月 1 日开始，我国食品标准的修订与补充工作又一次全面开展。随着经济的发展，食品国家安全标准也在不断进行修订。目前我国已形成了基础标准、食品安全限量标准、方法标准、产品标准、管理技术标准及标识标签标准等门类齐全、互相配套、基本适应我国食品工业发展的标准体系。

随着国际贸易的发展，国家标准中已经有很大一部分采用了国际标准和国外先进标准，一些重要产品已按国际标准和国外先进标准组织生产。标准化工作在提高我国商品质量、工程质量和服务质量，规范市场秩序，发展对外贸易，促进国民经济持续快速健康发展方面发挥了重要的保证和技术支持作用。

任务实施

根据以上知识点，针对乳制品完成所给任务单，任务单如表 1-5 所示。

表 1-5　食品法律法规与标准分类任务单

学生姓名：　　　　　　班级：　　　　　　日期：

任务分解	写出乳制品生产所遵循的法律法规与标准的先后顺序	
	判断我国哪些乳制品的生产应遵循国际标准，并说出原因	
	写出 WTO 在国际贸易中的作用	

考核评价

食品法律法规与标准分类考核评价表如表 1-6 所示。

表 1-6　食品法律法规与标准分类考核评价表

学生姓名：　　　　　　班级：　　　　　　日期：

评价方式	考核项目	评价要求	评价分数
自我评价 20 分	相关知识	能说出食品法律法规与标准的关系	
	任务准备	能说出法律法规与标准的制定在国际贸易中的意义	

续表

评价方式	考核项目		评价要求	评价分数
同伴互评 20分	参与度	1. 目标和分工 2. 任务完成效率	1. 高效完成分配任务 2. 及时总结和反馈	
教师评价 60分	课前	通用能力	课前预习任务	能大概说出我国食品法律法规与标准化的历程	
	课中	专业能力	完成任务	1. 知道法律法规与标准的关系 2. 能准确判断国际标准的使用及作用 3. 了解我国食品法律法规与标准化的历程	
		职业素养	发现并解决问题的能力	能够运用《TBT协议》解释国际贸易的运作	
	课后	知识拓展	信息化手段的应用	利用相关网络课程资源丰富知识体系	

思考练习

（1）简述法律法规与标准的关系。

（2）简述法律法规与标准在国际贸易中的作用。

（3）简述我国食品法律法规与标准化的历程。

知识拓展

《SPS协议》

项目二 食品法律法规与标准的基础知识

📖 学习目标

知识目标
(1) 熟悉国际标准、国家标准、行业标准分类和代号及其含义；
(2) 理解文献的特点、类型及作用；
(3) 掌握食品标准与法规的检索系统和工具及网络查询方法。

技能目标
(1) 能辨别不同类型的文献；
(2) 会使用检索工具进行食品法律法规与标准文献检索；
(3) 能区分国际标准、国家标准及行业标准；
(4) 会查阅并正确使用食品标准。

素质目标
(1) 培养与时俱进的信息素养和终身学习能力；
(2) 强化时刻关注食品法律法规与标准及食品政策变化的职业习惯。

📖 项目导入

文献概念的发展经历了三个阶段。文献最早见于《论语八佾》，宋代朱熹将其解释为：文指典籍，献指熟知史实的贤人。近代一般将文献理解为具有历史价值的文章和图书或与某一学科有关的重要图书资料。现代学者认为，文献是记录人类知识和信息的一切载体。它由四个要素构成：文献内容、载体材料、信息符号、记录方式。

狭义的检索是指依据一定的方法，从已经组织好的大量有关文献集合中，查找并获取特定的相关文献的过程。这里的文献集合不是通常所指的文献本身，而是指关于文献的信息或文献的线索。

广义的检索包括信息存储和检索两个过程。信息存储是将大量无序的信息集中起来，根据信息源的外表特征和内容特征，经过整理、分类、浓缩、标引等处理，使其系统化、有序化，并按一定的技术要求建成一个具有检索功能的数据库或检索系统，供人们检索和利用。检索是指运用编制好的检索工具或检索系统，查找满足用户要求的特定信息。

任务一　文献检索基础知识

知识储备

【知识讲解】

文献检索基础知识

一、法律法规文献检索

（一）国内食品法律法规文献检索

食品法律法规是法律规范的一种类型，具有普遍约束力，以国家强制力为后盾保证其实施。通过食品法律法规文献可以了解并遵守各国在食品方面的法律法规，有利于保证食品质量安全，防止食品污染和有害因素对人体的危害，保障人体健康。

文献检索是指将信息按一定的方式组织和存储起来，并根据用户的需要找出有关信息的过程和技术。食品法律法规文献检索，对及时了解和掌握国内外食品法律法规，制定并完善食品法律法规体系具有重要意义。

1. 国内食品法律法规文献纸本检索

可以利用书目检索工具，通过手工检索的方法查找国内关食品法律法规。常用的书目检索工具如下。

（1）《食品法律法规文件汇编》，收集了20世纪80年代以后我国的食品法律法规和文件188件，其中食品法律9件、法规7件、法规性文件6件、部门规章77件、部委规范性文件89件。该汇编共分三个部分：第一部分为法律，第二部分为法规，第三部分为规章。这三部分均按照中华人民共和国法律法规体系内的法律、行政法规和规章三个层次进行分类编辑，并按发布的时间顺序编排。

（2）《中华人民共和国新法规汇编》，是国家出版的法律、行政法规汇编正式版本，是刊登报国务院备案的部门规章的指定出版物。该汇编收集的内容包括：上一个月内由全国人民代表大会及其常务委员会通过的法律和有关法律问题的决定、国务院公布的行政法规和法规性文件、报国务院备案的部门规章、最高人民法院和最高人民检察院公布的司法解释。另外，该汇编还收录了上一个月内报国务院备案的地方性法规和地方政府规章目录。该汇编的内容按法律、行政法规、法规性文件、国务院部门规章、司法解释的分类顺序编排，每类按公布的时间顺序排列。

（3）《食品安全法律法规规章政策汇编》，收录了最新版本的有关食品安全方面的法律、行政法规、部门规章及规范性文件共计150件，既可作为各级食品安全监管部门和人员的工作指南,也可作为食品生产经营企业、食品安全技术服务单位及关心食品安全的读者的参考用书。

(4)《新编中华人民共和国常用法律法规全书》。

2. 国内食品法律法规文献网络检索

目前,国内食品法律法规文献的检索以网络检索为主,常用的主要网站如下。

(1) 中国人大网 (http://www.npc.gov.cn/)。

(2) 国家市场监督管理总局 (http://www.samr.gov.cn/)。

(3) 食安通-食品安全查询系统 (https://www.eshian.com)。

(4) 食品伙伴网 (http://www.law.foodmate.net/)。

(5) 中国食品安全网 (https://www.cfsn.cn/)。

相关数据库如下。

(1) 万方数据知识服务平台 (http://www.wanfangdata.com.cn)。

(2) 中国知网法律法规 (https://lawpro.cnki.net/urtp-cli/advsearch?sysid=7000&res=clkl)。

(3) 中华人民共和国司法部国家行政法规库 (http://xzfg.moj.gov.cn/search2.html)。

(4) 国家标准全文公开系统 (https://openstd.samr.gov.cn/bzgk/gb/index)。

3. 实例:利用万方数据知识服务平台查询《食品安全法》

检索步骤如下。

(1) 登录万方数据知识服务平台 (https://c.wanfangdata.com.cn/claw),单击"法规"按钮,如图2-1所示。

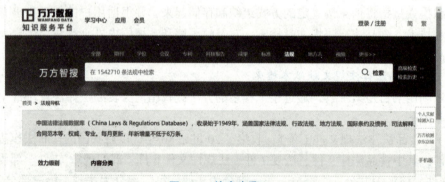

图 2-1 检索步骤一

(2) 输入关键词"中华人民共和国食品安全法",单击"检索"按钮,如图2-2所示。

图 2-2 检索步骤二

(3)此时网页显示所有有关《食品安全法》的信息,如图 2-3 所示。

图 2-3　检索步骤三

(4)根据显示信息单击相应按钮,查看《食品安全法》全文,如图 2-4 所示。

图 2-4　检索步骤四

(二)国外食品法律法规文献检索

1. 国外食品法律法规文献纸本检索

可以利用书目检索工具,通过手工检索的方法查找国外食品法律法规。常用的书目检索工具如下。

(1)《美国联邦法规》。

(2)《欧洲共同体法规目录》。

(3)《主要贸易国家/地区食品安全管理体系及法律法规系列丛书》。

(4)《欧盟食品法律汇编》。

(5)《东盟国家食品安全法律法规信息指南》。

(6)《FDA 食品法规》。

2. 国外食品法律法规文献网络检索

目前国外食品法律法规文献网络检索较为便捷、快速、可行。常用的主要网站如下。

(1)食品伙伴网(http://www.foodmate.net)。

(2)中国标准服务网(http://www.cssn.net.cn)。

(3) 全国标准信息服务平台（https://std.samr.gov.cn/）。
(4) 万方数据知识服务平台（http://www.wanfangdata.com.cn）。

3. 实例：利用食品伙伴网检索"美国 FDA 水产品法规"

检索步骤如下。

(1) 登录食品伙伴网（https://www.foodmate.net/），如图 2-5 所示。

图 2-5　检索步骤一

(2) 单击"法规"按钮后，单击"国外法规"按钮，如图 2-6 所示。

图 2-6　检索步骤二

(3) 在"关键词"框中输入"美国 水产品"，单击"立即搜索"按钮，如图 2-7 所示。

图 2-7　检索步骤三

(4) 单击显示的相关标题进行查看,如图2-8所示。

图 2-8 检索步骤四

二、标准文献检索

(一) 标准文献的分类概述

标准文献是指由技术标准、管理标准、经济标准及其他具有标准性质的类似文件所组成的一种特种文献。狭义的标准文献(简称标准)是指按规定程序制定的,经公认权威机构(主管机关)批准的一整套在特定范围(领域)内必须执行的规格、规则、技术要求等规范性文献。广义的标准文献指与标准化工作有关的一切文献,包括标准形成过程中的各种档案、宣传推广标准的手册及其他出版物、揭示报道标准文献信息的目录、索引等。

(1) 标准按性质可分为技术标准和管理标准。技术标准按内容又可分为基础标准、产品标准、方法标准、安全和环境保护标准等。管理标准按内容可分为技术管理标准、生产组织标准、经济管理标准、行政管理标准、管理业务标准、工作标准等。

(2) 标准按适用范围可分为国际标准、区域性标准、国家标准、专业(部)标准和企业标准。

(3) 标准按成熟程度可分为法定标准、推荐标准、试行标准和标准草案等。

(二) 食品标准文献的检索途径

1. 分类途径

分类途径是指通过标准文献分类法的分类目录(索引)进行检索的途径,读者可以根据中国图书馆分类法(Chinese Library Classification)、国际标准分类法(International Classification for Standards,ICS)等,找到相应的标准分类号,再根据类别检索相关的标准目录,可以得到标准的具体信息,如有需要,可进一步索取标准原件。

标准目录编排方式大致相同,主要有分类、主题和标准号(顺序号)三种。检索我国各类标准的主要检索工具如下。

(1)《中华人民共和国国家标准目录及信息总汇》由国家标准化管理委员会编,中国标准出版社出版,收录截至出版年份上一年年底批准、发布的全部现行国家标准信息,同时补充被代替、被废止的国家标准目录及国家标准修改、更正、勘误通知信息等相关信息。该书以国家标准专业分类顺序编排，书末附有标准顺序号索引。

《中华人民共和国国家标准目录》（GB 目录）是查阅国家标准的重要检索工具。其中各条目录的标引项和专业分类由中国标准文献分类的一级类目字母和二级类目两位数（代码）组成。食品一级类目字母是 X，各条目录先按 24 个一级类目归类，再按其二级类目代码的数字顺序排列。二级类目代码的排序实质上按专业内容的一定范围划分，如食品罐头方面的标准文献在 70~79 的代码范围内。

（2）《中国标准化年鉴》由国家市场监督管理总局（原国家标准化管理委员会）委托中国质量标准出版传媒有限公司（中国标准出版社）组织编纂，全面、系统、准确地汇辑我国标准化工作的发展、变化和成就，真实记录我国标准化事业发展进程。该书每年出版一卷，主要内容是阐述前一年标准化工作的全面情况，包括标准化事业的发展情况、管理机构、法规建设以及科学研究工作的现状，以及一年内发布的新国家标准目录等。该书中所附的国家标准目录分为两种——标准号顺序目录、分类目录，分类目录按中国标准文献分类法分类排列，在同一类中按标准顺序号排列。

（3）《中国国家标准汇编》是一部大型综合性国家标准全集。它在一定程度上反映了中华人民共和国成立以来标准化事业发展的基本情况和主要成就，是各级标准化管理机构，企事业单位，农林牧渔系统，科研、设计、教学等部门必不可少的工具书。

（4）《中华人民共和国工农业产品国家标准和部标准目录》是现代技术标准出版社编著的工具书，编排我国有关标准，包括冶金、化工、石油、煤炭、建材、林业、机电仪表、农机、船舶、医疗器械、轻工、纺织、粮食、商业、地质、水电、铁道、邮电等领域。

2. 标准号途径

标准号途径又称为序号途径，是按序号自身顺序检索文献信息的途径。当标准号准确时，对于识别一定的标准文献，标准号检索具有明确、简短、唯一等特点。标准号检索是标准检索最常用的方法之一，也是最方便快捷的方法之一。

3. 主题途径

主题途径又称为关键词途径，是通过反映文献资料内容的主题词来检索文献的途径。由于主题途径能集中反映一个主题的各方面文献资料，因此便于读者对某一问题、某一事物或对象做全面系统的专题性研究。读者通过主题目录或索引即可查到同一主题的各方面文献资料。主题途径的应用范围广泛。

4. 专门项目途径

专门项目途径按文献信息所包含的或有关的名词术语、地名、人名、机构名、商品名、生物属名、年代等的特定顺序进行检索，可以解决某些特别的问题。

任务实施

根据以上知识点完成所给任务单，任务单如表 2-1 所示。

表 2-1 文献检索学习任务单

学生姓名：		班级：		日期：
任务分解	利用万方数据知识服务平台的"中外标准数据库"查询茶叶的国家标准			

续表

任务分解	利用中国知网的"标准数据总库"查询茶叶的欧盟标准	
	形成茶叶内外销型生产企业的标准体系，找出中国标准体系与欧盟标准体系的不同点，避免贸易技术壁垒	

考核评价

文献检索考核评价表如表 2-2 所示。

表 2-2 文献检索考核评价表

学生姓名：　　　　　　　　班级：　　　　　　　　日期：

评价方式	考核项目		评价要求		评价分数
自我评价 (20分)	相关知识		了解标准文献的概念		
	任务准备		知道标准文献的渊源		
同伴互评 (20分)	参与度		1. 目标和分工 2. 任务完成效率	1. 高效完成分配任务 2. 及时总结和反馈	
教师评价 (60分)	课前	通用能力	课前预习任务	能说出国内外标准文献的不同	
	课中	专业能力	完成任务	1. 会查阅标准文献 2. 能分类列出生产企业所需的标准 3. 能根据工作需要查询所需的标准	
		职业素养	发现并解决问题的能力	明确标准的地位及其在实际工作中的应用	
	课后	知识拓展	信息化手段的应用	利用相关网络课程资源丰富知识体系	

思考练习

（1）标准文献检索是怎样进行的？
（2）食品标准有哪些类型？
（3）根据《食品安全法》的规定，哪些人不能从事食品相关行业工作？

知识拓展

GB/T 22000-2006 食品安全管理体系 食品链中各类组织的要求

任务二　食品术语、图形符号及分类标准

知识储备

【知识讲解】

食品术语、图形符号及代号标准

我国食品标准体系的总体框架主要包含食品通用基础标准和食品产品专用标准。通用基础标准是指在一定范围内作为其他标准的基础普遍使用，并具有广泛指导意义的标准。它规定了各种标准中最基本的共同要求。食品通用基础标准主要包括食品术语及图形符号、代号标准，食品分类标准，食品检验规则、标志、运输及储运标准，食品加工操作技术规程标准等。

一、食品术语及图形符号

（一）食品术语

（1）食品术语是指在食品学科领域表达特定科学概念的词语形式，主要包括一般术语、产品术语、工艺术语、质量术语、营养术语及卫生术语等。

（2）食品术语标准化是运用标准化的原理和方法，通过制定食品术语标准，使之达到一定程度的术语统一，从而获得最佳秩序和社会效益。它既是当代食品工业发展和国际贸易的需要，也是信息技术发展的需要。

我国先后颁布了多部食品术语的国家标准和行业标准，包括一部食品工业基本术语标准，以及多部食品产品术语的国家和行业标准，部分相关标准如表2-3所示。

表2-3　我国现行部分食品术语标准

序号	标准名称	标准号
1	食品工业基本术语	GB/T 15091—1994
2	制盐工业术语	GB/T 19420—2021
3	食用菌术语	GB/T 12728—2006
4	糕点术语	GB/T 12140—2007
5	蜜蜂产品术语	GB/T 20573—2006
6	农产品干燥技术术语	GB/T 14095—2007
7	食品营养成分基本术语	GB/Z 21922—2008

续表

序号	标准名称	标准号
8	罐头食品机械术语	GB/T 15069—2008
9	粮油名词术语 油脂工业	GB/T 8873—2008
10	粮油通用技术、设备名词术语	GB/T 8874—2008
11	白酒工业术语	GB/T 15109—2021
12	肉与肉制品术语	GB/T 19480—2009
13	食品包装容器及材料术语	GB/T 23508—2009
14	淀粉术语	GB/T 12104—2022
15	制糖工业术语	GB/T 9289—2010
16	咖啡及其制品术语	GB/T 18007—2011
17	食品包装用纸、纸板及纸制品术语	GB/T 28119—2011
18	食品加工设备术语	GB/T 30785—2014
19	图形符号 术语	GB/T 15565—2020

（二）食品图形符号

图形符号是指以图形为主要特征，传递某种信息的视觉符号。图形符号可以跨越语言和文化的障碍，是自然语言之外的一种人工语言符号，具有直观、简明、易懂、易记的特点。

食品图形符号可按应用领域分为三类：标志用图形符号（公共信息类）、设备用图形符号及技术文件用图形符号。我国现行部分食品图形符号、代号标准如表2-4所示。

表2-4 我国现行部分食品图形符号、代号标准

序号	标准名称	标准号
1	包装储运图示标志	GB/T 191—2008
2	包装图样要求	GB/T 13385—2008
3	包装回收标志	GB/T 18455—2022
4	粮油工业图形、符号、代号	GB/T 12529—2008
5	图形符号表示规则 总则	GB/T 16900—2008
6	冷藏、冷冻食品物流包装、标志、运输和储存	GB/T 24616—2019
7	饲料加工设备图形符号	GB/T 24352—2020

二、食品分类标准

食品分类标准是对食品大类产品进行分类规范的标准。

（一）食品分类标准的特点和作用

（1）食品分类标准是规范市场的工具，是食品生产监督管理部门对食品生产企业进行

分类管理、行业统计、经济预测和决策分析的重要依据。

（2）食品分类标准是食品安全风险暴露评估的依据，是食品安全标准的标准。

（3）食品分类标准是国家和地区食品成分表的重要组成部分，是进行国家和地区膳食评估比较的依据。

（4）建立食品分类标准并使之与国际接轨是信息化和国际贸易发展的需要。

（二）我国食品分类标准

食品分类的专业性、行业性都很强，它的层次划分、层次数量、各层次自身的数量等在不同的专业之间差别很大，这些差别是客观存在的，没有必要统一，也很难统一。它们的历史非常悠久，而且有相当多的使用者。在通常情况下，在食品标准中，根据需要往往从食品的品种、用途、工艺、原料、功能、特性、服务等基本属性考虑确定食品分类的原则和依据。我国现行部分食品分类标准如表2-5所示。

表2-5 我国现行部分食品分类标准

序号	标准名称	标准号
1	酱油分类	SB/T 10173—1993
2	调味品分类	GB/T 20903—2007
3	糖果分类	GB/T 23823—2009
4	淀粉分类	GB/T 8887—2021
5	肉制品分类	GB/T 26604—2011
6	坚果炒货食品分类	GB/T 10671—2012
7	糕点分类	GB/T 30645—2014
8	茶叶分类	GB/T 30766—2014
9	冷冻饮品分类	GB/T 30590—2014
10	蛋与蛋制品术语和分类	GB/T 34262—2017
11	食糖分类	GB/T 35886—2018
12	罐头食品分类	GB/T 10784—2020
13	饮料酒术语和分类	GB/T 17204—2021

任务实施

根据以上知识点完成所给任务单，任务单如表2-6所示。

表2-6 食品术语及图形符号、代号标准学习任务单

学生姓名：		班级：	日期：
任务分解	利用食品标准信息网站查询《食品工业基本术语》，说出巴氏灭菌与高温灭菌的区别		
	利用中国知网的"标准数据总库"查询乳制品的国家标准分类		
	调查你常吃常喝的食品属于哪种乳制品（至少三种类型）		

考核评价

食品术语及图形符号、代号标准考核评价表如表 2-7 所示。

表 2-7 食品术语及图形符号、代号标准考核评价表

学生姓名：　　　　　　班级：　　　　　　日期：

评价方式	考核项目		评价要求		评价分数
自我评价 （20 分）	相关知识		了解食品术语及图形符号的概念		
	任务准备		知道食品的分类原因		
同伴互评 （20 分）	参与度		1. 目标和分工 2. 任务完成效率	1. 高效完成分配任务 2. 及时总结和反馈	
教师评价 （60 分）	课前	通用能力	课前预习任务	能说出各种乳制品的不同	
	课中	专业能力	完成任务	1. 会查阅食品术语 2. 能识别食品图形符号，并判断食品所属的类别 3. 能根据所查信息写出所食食品所属的类别	
		职业素养	发现并解决问题的能力	明确食品分类的地位及其在实际生活和工作中的应用	
	课后	知识拓展	信息化手段的应用	利用相关网络课程资源丰富知识体系	

思考练习

（1）我国食品分类有哪几种？
（2）膨化食品是什么？烘焙食品是什么？

知识拓展

文献等级分类

第二篇　食品法律法规及食品标准体系

项目三　我国《食品安全法》及其他相关法律

学习目标

知识目标
(1) 掌握《食品安全法》的基本内容；
(2) 熟悉《食品安全法》的适用范围；
(3) 熟悉我国其他相关法律的基本内容及适用范围。

技能目标
(1) 能运用《食品安全法》分析违法案例；
(2) 能运用其他相关法律。

素质目标
(1) 树立食品安全意识；
(2) 增强利用《食品安全法》维护生产者等的权益意识。

项目导入

2024年2月20日，江西省瑞昌市某幼儿园食堂因"三防"设施不到位问题被瑞昌市市场监督管理局责令改正并给予当场警告的行政处罚。2024年3月28日，瑞昌市市场监督管理局再次进行现场检查，当事人仍未整改，且食堂外门、厨房操作间门未关，食堂进排水口无防护措施。当事人的行为违反了《食品安全法》第三十三条第一款第二项、第四十七条、第五十六条第一款的规定，依据《食品安全法》第一百二十六条第一款第五项、第十一项的规定，瑞昌市市场监督管理局依法对当事人作出罚款的行政处罚。

任务一　《食品安全法》

 知识储备

【知识讲解】

食品安全法

一、基本信息

《食品安全法》是为了保证食品安全，保障公众身体健康和生命安全而制定的一部专门法律。《食品安全法》的颁布实施对于加强食品安全管理、提高食品质量、保障人民群众的食品消费安全、维护社会公共利益、促进经济健康发展具有十分重要的意义。

（一）适用范围

《食品安全法》适用于在中华人民共和国境内从事食品生产和加工，食品销售和餐饮服务，食品添加剂的生产经营，用于食品的包装材料、容器、洗涤剂、消毒剂和用于食品生产经营的工具、设备的生产经营等活动。同时，《食品安全法》也对食品生产经营者使用食品添加剂、食品相关产品进行了规定。

（二）修订历史

2009年2月，《食品安全法》发布。2015年4月，《食品安全法》修订。2015年10月，《食品安全法》实施。2018年12月，对《食品安全法》进行第一次修正。2021年4月，对《食品安全法》进行第二次修正。

《食品安全法》实施以来，我国食品安全监管部门加大了执法力度，严厉打击食品生产经营中的违法行为，取得了显著成效。《食品安全法》的实施有力地维护了食品市场的秩序，保障了人民群众的食品消费安全，促进了食品产业的健康发展。

二、主要内容

以下简要介绍《食品安全法》的主要内容，详细条文内容见知识拓展。

（一）总则（第一~第十三条）

《食品安全法》共10章154条，主要内容包括食品生产经营者的主体资格和责任、食品生产经营的基本要求、食品生产经营过程的控制、食品生产经营者的管理制度、食品召回制度、食品添加剂的管理、食品安全标准和食品安全风险监测和评估等方面的规定。

在中华人民共和国境内从事下列活动，应当遵守本法[①]：①食品生产和加工(以下称为"食品生产")、食品销售和餐饮服务（以下称为"食品经营"）；②食品添加剂的生产经营；③用于食品的包装材料、容器、洗涤剂、消毒剂和用于食品生产经营的工具、设备（以下称为"食品相关产品"）的生产经营；④食品添加剂和食品相关产品的使用；⑤食品的储存和运输；⑥食品、食品添加剂和食品相关产品的安全管理。

（二）食品安全风险监测和评估（第十四~第二十三条）

国家建立食品安全风险监测制度，对食源性疾病、食品污染以及食品中的有害因素进行监测。

国务院卫生行政部门会同国务院食品安全监督管理等部门，制定、实施国家食品安全风险监测计划。省、自治区、直辖市人民政府卫生行政部门会同同级食品安全监督管理等部门，根据国家食品安全风险监测计划，结合本行政区域的具体情况，制定、调整本行政区域的食品安全风险监测方案，报国务院卫生行政部门备案并实施。

[①] 若无特殊说明，为了方便叙述，书中"本法"均指当前所介绍的法律法规，"本条例""本标准"用法相同。

国家建立食品安全风险评估制度，对食品中生物性、化学性和物理性危害进行风险评估。食品安全风险评估工作由食品安全风险评估专家委员会具体负责。食品安全风险评估专家委员会由国务院授权的部门会同国务院其他有关部门聘请医学、农业等方面的技术专家组成。

国务院有关部门有权向国务院授权负责食品安全风险评估的部门提出风险评估的建议，并提供有关信息和资料。国务院授权负责食品安全风险评估的部门应当及时向国务院有关部门通报食品安全风险评估的结果。食品安全风险评估专家委员会应当运用科学方法，根据食品安全风险监测信息、科学数据以及其他有关信息进行食品安全风险评估。

食品安全风险评估结果应当作为制定、修订食品安全标准和对食品安全实施监督管理的科学依据。食品安全风险评估结果证明食品不安全，需要制定、修订食品安全标准的，应由国务院授权负责食品安全标准制定的部门立即制定、修订食品安全标准；在新制定、修订的食品安全标准公布实施之前，国务院食品安全监督管理等部门应当依据各自职责，要求食品生产经营者停止生产经营该食品。

国务院授权负责食品安全风险评估的部门应当会同国务院有关部门根据食品安全风险评估结果、食品安全监督管理信息，对食品安全状况进行综合分析，对可能发生较高安全风险的食品提出食品安全风险警示，由国务院授权负责食品安全信息公布的部门予以公布。

对农药、肥料、生长调节剂、兽药、饲料和饲料添加剂等的安全性评估，应当有食品安全风险评估专家委员会的专家参加。屠宰畜、禽的检验规程，由国务院有关主管部门会同国务院授权负责食品安全风险评估的部门制定。

(三) 食品安全标准（第二十四～第三十二条）

1. 强制性

食品安全标准是强制执行的标准，分为国家标准和地方标准。没有国家标准的，可以制定地方标准。除食品安全标准外，不得制定其他有关食品的强制性标准。

2. 主要内容

食品安全标准应当包括下列内容：①食品、食品添加剂、食品相关产品中的致病性微生物，农药残留、兽药残留、重金属等污染物质以及其他危害人体健康物质的限量规定；②食品添加剂的品种、使用范围、用量；③专供婴幼儿和其他特定人群的主辅食品的营养成分要求；④对与卫生、营养等食品安全有关的标签、标志、说明书的要求；⑤食品生产经营过程的卫生要求；⑥与食品安全有关的质量要求；⑦与食品安全有关的食品检验方法与规程；⑧其他需要制定为食品安全标准的内容。

食品安全国家标准应当经食品安全国家标准审评委员会审查通过。食品安全国家标准审评委员会由国务院授权负责食品安全标准制定的部门商国务院其他有关部门聘请的卫生、农业等方面的专家，以及国务院农业主管部门和国务院食品生产、流通、餐饮服务监督管理部门的代表组成。

国务院授权负责食品安全标准制定的部门应当通过新闻媒体公布食品安全国家标准。公众可以免费查阅食品安全国家标准。

3. 食品安全地方标准和企业标准

省、自治区、直辖市人民政府负责食品安全标准制定的部门组织制定、修订食品安全地方标准，应当参照执行本法有关食品安全国家标准制定、修订的规定，并报国务院授权负责食品安全标准制定的部门备案。国家鼓励食品生产经营企业制定严于食品安全国家标准、地方标准的标准，在企业内部使用。

（四）食品生产经营

1. 一般规定（第三十三~第四十三条）

国家对食品生产经营实行许可制度；未经许可，任何单位或者个人不得从事食品生产经营活动。但是，获得食品生产许可的食品生产者在其生产场所销售其生产的食品，不需要获得食品流通的许可；获得餐饮服务许可的餐饮服务提供者在其餐饮服务场所出售其制作加工的食品，不需要获得食品生产和流通的许可；农民个人销售其自产的食用农产品，不需要获得食品流通的许可；生产者生产在本乡（镇）行政区域内销售的食品，不需要获得食品生产的许可。

从事食品生产经营活动，应当具备下列条件。

（1）有与拟生产经营的食品品种、数量相适应的食品原料处理和食品包装、储存等场所，保持该场所环境整洁，并确保该场所与有毒、有害场所以及其他污染源保持规定的距离。

（2）有与拟生产经营的食品品种、数量相适应的生产经营设备或者设施，有相应的消毒、采光、通风、防腐、防尘、防蝇、防鼠以及排放废水、废弃物的设备或者设施。

（3）有与生产经营规模相适应的食品安全专业技术人员、管理人员。

（4）有与拟生产经营的食品品种、数量相适应的符合防止食品污染要求的设备、设施布局和操作流程。

（5）有保证食品安全的规章制度。

（6）符合食品安全标准规定的其他要求等。

2. 生产经营过程（第四十四~第六十六条）

食品生产企业应当符合良好生产规范要求。国家鼓励食品生产经营企业实施危害分析与关键控制点体系，提高食品安全管理水平。食品生产经营者应当建立并执行从业人员健康管理制度。患有痢疾、伤寒、甲型病毒性肝炎等消化道传染病的人员，以及患有活动性肺结核、化脓性或者渗出性皮肤病等有碍食品安全的疾病的人员，不得从事接触直接入口食品的工作，不得在食品中添加药品，但是，可以添加按照传统既是食品又是中药材的物质。按照传统既是食品又是中药材的物质的目录由国务院授权的部门制定、公布。

销售的食品添加剂、食品相关产品或者生产食品所使用的食品添加剂、食品相关产品应当经检验为合格。食品生产者使用食品添加剂应当符合食品安全标准并向县级食品生产监督管理部门备案。食品生产经营者生产经营的食品，有食品安全标准的，应当符合食品安全标准；没有食品安全标准的，应当无毒、无害，符合应当有的营养要求和本法规定的其他要求。

3. 标签、说明书和广告（第六十七~第七十三条）

预包装食品的包装上应当有标签，标签应当标明下列事项：名称、规格、净含量、生产日期；成分或者配料表；生产者的名称、地址、联系方式；保质期；产品标准代号；保存条件；所使用的食品添加剂；食品生产许可证编号；专供婴幼儿的主辅食品，其标签还应当标明主要营养成分及其含量；已经实行食品安全监管码管理的食品，其标签还应当标明食品安全监管码。

食品和食品添加剂的标签、说明书应当清楚，容易辨识。食品生产者应当建立食品出厂检验记录制度，查验出厂食品的检验合格证和安全状况，并如实记录食品的名称、规格、数量、生产日期、生产批号、检验合格证号、购货者名称及其联系方式、销售日期等内容；不符合食品安全标准以及与食品标签、说明书、包装所标明的内容不符的食品，不得上市销售。不得涂改、伪造食品出厂检验记录，食品的保存期限不得少于2年。

食品经营者采购食品，对已经实行食品安全监管码管理的，应当查验食品安全监管码。对尚未实行食品安全监管码管理的，应当查验下列事项：供货者有无食品生产许可证或者食品流通许可证、营业执照；有无食品出厂的检验报告或者其他有关食品合格的证明文件。

4. 特殊食品（第七十四~第八十三条）

国家对保健食品、特殊医学用途配方食品和婴幼儿配方食品等特殊食品实行严格监督管理。保健食品声称具有保健功能的，应当具有科学依据，不得对人体产生急性、亚急性或者慢性危害。保健食品原料目录和允许保健食品声称的保健功能目录，由国务院食品安全监督管理部门会同国务院卫生行政部门、国家中医药管理部门制定、调整并公布。保健食品原料目录应当包括原料名称、用量及其对应的功效；列入保健食品原料目录的原料只能用于保健食品生产，不得用于其他食品生产。

（五）食品检验（第八十四~第九十条）

（1）食品检验机构按照国家有关认证认可的规定取得资质认定后，方可从事食品检验活动，但是法律另有规定的除外。食品检验机构的资质认定条件和检验规范，由国务院食品安全监督管理部门规定。符合本法规定的食品检验机构出具的检验报告具有同等效力。县级以上人民政府应当整合食品检验资源，实现资源共享。

（2）食品检验由食品检验机构指定的检验人员独立进行。检验人员应当依照有关法律法规的规定，并按照食品安全标准和检验规范对食品进行检验，尊重科学，恪守职业道德，保证出具的检验数据和结论客观、公正，不得出具虚假检验报告。

（3）食品检验实行食品检验机构与检验人员负责制。食品检验报告应当加盖食品检验机构公章，并有检验人员的签名或者盖章。食品检验机构和检验人员对出具的食品检验报告负责。

（4）县级以上人民政府食品安全监督管理部门应当对食品进行定期或者不定期的抽样检验，并依据有关规定公布检验结果，不得免检。进行抽样检验，应当购买抽取的样品，委托符合本法规定的食品检验机构进行检验，并支付相关费用；不得向食品生产经营者收取检验费和其他费用。

（5）食品生产企业可以自行对所生产的食品进行检验，也可以委托符合本法规定的食品检验机构进行检验。食品行业协会和消费者协会等组织、消费者需要委托食品检验机构对食品进行检验的，应当委托符合本法规定的食品检验机构进行。

（六）食品进出口（第九十一~第一百零一条）

1. 进口食品

进口的食品、食品添加剂以及食品相关产品应当符合我国食品安全国家标准。

对首次进口的食品添加剂新品种、食品相关产品新品种，或者首次进口的尚无食品安全国家标准且无相关国际标准、条约、协定要求的食品，其进口商应当向国务院授权负责食品安全风险评估的部门提出申请并提交相关的安全性评估材料。国务院授权负责食品安全风险评估的部门依照本法第三十七条的规定作出是否准予许可的决定。

进口食品应当经出入境检验检疫机构检验合格。海关凭出入境检验检疫机构签发的通关证明放行。境外发生的食品安全事件可能对我国境内造成影响，或者在进口食品中发现严重食品安全问题的，国务院出入境检验检疫部门应当及时采取风险预警措施，并向国务院食品生产、流通、餐饮服务监督管理部门以及国务院授权负责食品安全风险评估的部门通报。接到通报的部门应当及时采取相应措施。

2. 出口食品

出口食品生产企业应当保证其出口食品符合进口国（地区）的标准或者合同要求。出口食品生产企业和出口食品原料种植、养殖场应当向国家出入境检验检疫部门备案。

国务院出入境检验检疫部门应当收集、汇总进出口食品安全信息，并及时通报相关部门、机构和企业。国务院出入境检验检疫部门应当建立进出口食品的进口商、出口商和出口食品生产企业的信用记录，并依法予以公布。对有不良记录的进口商、出口商和出口食品生产企业，应当加强对其进、出口食品的检验检疫。

国家出入境检验检疫部门可以对向我国境内出口食品的国家（地区）的食品安全管理体系和食品安全状况进行评估和审查，并根据评估和审查结果，确定相应检验检疫要求。

（七）食品安全事故处置（第一百零二~第一百零八条）

国务院组织制定国家食品安全事故应急预案。县级以上地方人民政府应当根据有关法律法规的规定和上级人民政府的食品安全事故应急预案以及本行政区域的实际情况，制定本行政区域的食品安全事故应急预案，并报上一级人民政府备案。食品生产经营企业应当制定食品安全事故处置方案，定期检查本企业各项食品安全防范措施的落实情况，及时消除食品安全事故隐患。

（八）监督管理（第一百零九~第一百二十一条）

县级以上人民政府组织本级食品生产、流通、餐饮服务监督管理部门，根据本行政区域上一年度食品安全状况，制定本行政区域的食品安全年度监督管理计划。县级以上地方食品生产、流通、餐饮服务监督管理部门应当按照本行政区域的食品安全年度监督管理计划开展工作。

对通过良好生产规范、危害分析与关键控制点体系认证的食品生产经营企业，认证机构应当依法实施跟踪调查；对不再符合认证要求的食品生产经营企业，应当依法撤销认证，并及时向相关的食品生产、流通、餐饮服务监督管理部门通报。

（九）法律责任（第一百二十二~第一百四十九条）

《食品安全法》第九章是关于未经许可从事食品生产经营活动等相关法律责任的规定。以第一百二十二条为例，此条是对原法第八十四条的修改。除了将起罚点由2 000元提高到5万元，将罚款货值金额倍数加倍以外，还增加了对于明知从事未经许可食品生产经营活动仍为其提供生产经营场所或者其他条件者的处罚。请扫二维码查看《食品安全法》详细内容。

中华人民共和国食品安全法

任务实施

根据以上知识点完成所给任务单,任务单如表 3-1 所示。

表 3-1 《食品安全法》学习任务单

学生姓名:		班级:	日期:
任务分解	理解修订《食品安全法》的目的和意义		
	写出《食品安全法》的适用范围		
	写出《食品安全法》的主要内容		

考核评价

《食品安全法》考核评价表如表 3-2 所示。

表 3-2 《食品安全法》考核评价表

学生姓名:　　　　　　班级:　　　　　　日期:

评价方式	考核项目		评价要求		评价分数
自我评价 (20分)	相关知识		了解《食品安全法》的适用范围		
	任务准备		熟悉《食品安全法》的内容		
同伴互评 (20分)	参与度		1. 目标和分工 2. 任务完成效率	1. 高效完成分配任务 2. 及时总结和反馈	
教师评价 (60分)	课前	通用能力	课前预习任务	能说出修订《食品安全法》的目的和意义	
	课中	专业能力	完成任务	1. 能写出《食品安全法》的适用范围 2. 能写出《食品安全法》的主要内容	
		职业素养	发现并解决问题的能力	明确《食品安全法》的地位及其在实际工作中的应用	
	课后	知识拓展	信息化手段的应用	利用相关网络课程资源丰富相关知识体系	

思考练习

(1)《食品安全法》的适用范围是什么?

(2)修订《食品安全法》的目的和意义是什么?

知识拓展

《食品安全法》详解

任务二 《产品质量法》

知识储备

【知识讲解】

产品质量法

一、基本信息

1993年2月22日,第七届全国人民代表大会常务委员会通过《产品质量法》。之后,《产品质量法》分别于2000年、2009年、2018年进行过三次修正。自《产品质量法》施行以来,我国的产品质量水平得到明显改善,企业的质量意识得到明显提高,用户、消费者利用《产品质量法》维护自身权益的意识明显增强,制假、造假现象越来越少。

(一) 产品

依据《产品质量法》第二条第二款的规定,产品是指经过加工、制作,用于销售的产品。

《产品质量法》所调整的产品的范围小于一般意义上的产品,并不是所有产品都是通过《产品质量法》调整的。农产品、渔业产品等直接来自自然界、未经过加工制作过程的产品,以及虽经过加工制作,但不用于销售,仅用于个人消费的产品,都不属于《产品质量法》的调整范围。另外,建设工程不适用于《产品质量法》,但是建设工程所使用的建筑材料、建筑构配件和设备适用于《产品质量法》。依据原国家质量监督检验检疫总局《关于实施〈中华人民共和国产品质量法〉若干问题的意见》(国质检发〔2011〕83号)的解释,兽药也不适用于《产品质量法》。

(二) 产品质量责任概念

产品质量一般是指产品满足人们需要的各种特征的总和,如可用性、耐久性、安全性、可维修性等。从法律角度来看，产品质量表现为国家通过法律法规、质量标准等规定的或合同约定的产品所应当具有的特性。依据《产品质量法》第二十六条的规定，产品质量应当符合下列要求：不存在危及人身、财产安全的不合理的危险，有保障人体健康和人身、财产安全的国家标准、行业标准的，应当符合该标准；具备产品应当具备的使用性能，但是，对产品存在使用性能的瑕疵作出说明的除外。

产品质量责任是指产品质量不符合国家法律法规、质量标准的规定或合同约定时，产品的生产者或销售者所应承担的责任。产品质量责任分为民事责任、行政责任和刑事责任。

(三)《产品质量法》的基本原则

1. 有限范围

《产品质量法》主要调整实物产品在生产、销售活动以及对其实施监督管理过程中所发生的权利、义务、责任关系。《产品质量法》重点解决产品质量责任问题，完善我国产品责任的民事赔偿制度。

2. 统一立法、区别管理

国家要对涉及人体健康，人身、财产安全的产品实行必要的强制管理。对于其他产品，主要依靠市场竞争机制和企业自我约束机制，促使企业保证产品质量。

3. 事先保证与事后监督检查相结合

法律要规范企业的行为，保证企业生产的产品不得存在危及人体健康以及人身、财产安全的不合理的危险，符合相应标准的要求；同时，要加强市场流通领域产品的质量监督检查，建立运用市场规则抵制伪劣产品的运行机制。

4. 按照行政区域统一管理、组织协调

对产品质量的监督管理和执法监督，采用地域管辖的基本原则。

5. 贯彻奖优罚劣

国家一方面采取鼓励措施，对质量管理的先进企业和达到国际先进水平的产品给予奖励；另一方面采取严厉措施，惩处生产、销售假冒伪劣产品的违法行为。

二、主要内容

(一) 产品质量责任的一般规定

企业要保证产品质量合格，提高质量管理水平。《产品质量法》第三条规定：生产者、销售者应当建立健全内部产品质量管理制度，严格实施岗位质量规范、质量责任以及相应的考核办法。产品管理制度包括生产者的产品质量检验把关制度、明确专职或兼职的质量检验人员的制度、企业的负责人对产品质量应负的责任等。企业生产的产品必须符合国家强制性标准。

《产品质量法》第五条规定了三种禁止行为。

（1）禁止伪造或者冒用认证标志等质量标志。

（2）禁止伪造产品的产地，伪造或者冒用他人的厂名、厂址。

（3）禁止在生产、销售的产品中掺杂、掺假，以假充真，以次充好。

(二) 产品质量监督管理

1. 出厂检验

《产品质量法》第十二条规定：产品质量应当检验合格，不得以不合格产品冒充合格

产品。产品本身的质量应当符合《产品质量法》第二十六条的规定。买卖合同对产品质量有特定要求的，产品还应符合合同的要求。

2. 推行企业质量体系认证，推行产品质量认证

国家推行企业质量体系认证和产品认证。认证采用自愿原则。企业申请认证应向国务院市场监督管理部门或其授权部门认可的认证机构提出申请。经认证合格，由认证机构颁发认证证书，获得产品质量认证证书的企业可以在其产品或者其包装上使用产品质量认证标志。

3. 监督检查

《产品质量法》第十五条规定了产品的监督检查制度。

4. 强制措施

依据《产品质量法》第十八条的规定，县级以上市场监督管理部门根据已经取得的违法嫌疑证据或者举报，对涉嫌违反本法规定的行为进行查处时，可以行使下列职权。

（1）对当事人涉嫌从事违反本法的生产、销售活动场所实施现场检查。

（2）向当事人的法定代表人、主要负责人和其他有关人员调查、了解与涉嫌从事违反本法的生产、销售活动有关的情况。

（3）查阅、复制当事人有关的合同、发票、账簿以及其他有关资料。

（4）对有根据认为不符合保障人体健康和人身、财产安全的国家标准、行业标准的产品或者有其他严重质量问题的产品，以及直接用于生产、销售该产品的原辅材料、包装物、生产工具，予以查封或者扣押。

5. 产品质量检验机构

产品质量检验机构必须具备相应的检测条件和能力，经省级以上人民政府市场监督管理部门或者其授权的部门考核合格后，方可承担产品质量检验工作。法律、行政法规对产品质量检验机构另有规定的，依照有关法律、行政法规的规定执行。从事产品质量检验、认证的社会中介机构必须依法设立，不得与行政机关和其他国家机关存在隶属关系或者其他利益关系。产品质量检验机构、认证机构必须依法按照有关标准，客观、公正地出具检验结果或者认证证明。国务院和省、自治区、直辖市人民政府的市场监督管理部门应当定期发布其监督抽查的产品的质量状况公告。市场监督管理部门或者其他国家机关以及产品质量检验机构不得向社会推荐生产者的产品；不得以对产品进行监制、监销等方式参与产品经营活动。

（三）生产者、销售者的产品质量责任和义务

1. 生产者的产品质量责任和义务

生产者应当对其生产的产品质量负责，并承担相应的义务。

2. 销售者的产品质量责任和义务

销售者应当对其销售的产品质量负责，并承担相应的义务。

（四）具体产品质量责任

1. 民事责任

民事责任主要有如下形式。

（1）修理、更换、退货，责任人为销售者。承担责任的条件：①不具备产品应当具备的使用性能而事先未作说明的；②不符合在产品或者其包装上注明采用的产品标准的；③不符合以产品说明、实物样品等方式表明的质量状况的。

（2）赔偿损失。产品存在缺陷造成人身、缺陷产品以外的其他财产损害的，生产者应当承担赔偿责任。

2. 行政责任和刑事责任

行政责任的形式主要是责令停止生产销售、警告、罚款、没收财物、没收违法所得、吊销营业执照、取消检验认证资格等。

市场监督管理部门在查处违法行为的过程中，如发现行为人的行为涉嫌构成犯罪，应当移交司法机关追究其刑事责任。

◉ 任务实施

根据以上知识点完成所给任务单，任务单如表3-3所示。

表3-3　《产品质量法》学习任务单

学生姓名：　　　　　　　　班级：　　　　　　　　日期：

任务分解	写出产品质量的定义与要求	
	写出肉制品的产品质量监督流程	
	分析肉制品生产者、销售者的产品质量责任和义务	

◉ 考核评价

《产品质量法》考核评价表如表3-4所示。

表3-4　《产品质量法》考核评价表

学生姓名：　　　　　　　　班级：　　　　　　　　日期：

评价方式	考核项目			评价要求	评价分数
自我评价（20分）	相关知识			了解产品质量的概念	
	任务准备			了解产品质量的要求	
同伴互评（20分）	参与度			1. 目标和分工 2. 任务完成效率	1. 高效完成分配任务 2. 及时总结和反馈
教师评价（60分）	课前	通用能力	课前预习任务	能说出产品质量的定义	
	课中	专业能力	完成任务	1. 清楚产品质量监督流程 2. 能简述生产者、销售者的产品质量责任和义务 3. 能了解监督过程中的法律责任与监督机制	
		职业素养	发现并解决问题的能力	明确《产品质量法》的地位及其在实际工作中的应用	
	课后	知识拓展	信息化手段的应用	利用相关网络课程资源丰富知识体系	

思考练习

（1）产品质量是如何定义的？
（2）产品质量的监督流程是什么？
（3）根据《产品质量法》的规定，哪些人的权益能被保护？

知识拓展

产品质量监督抽查管理暂行办法

任务三　《农产品质量安全法》

知识储备

【知识讲解】

农产品质量安全法

一、基本信息

2006年4月29日，第十届全国人民代表大会常务委员会第二十一次会议通过《中华人民共和国农产品质量安全法》（以下简称《农产品质量安全法》）。该法自2006年11月1日起施行，并根据2018年10月26日第十三届全国人民代表大会常务委员会第六次会议《关于修改〈中华人民共和国野生动物保护法〉等十五部法律的决定》进行了修正。2022年9月2日，《农产品质量安全法》经第十三届全国人民代表大会常务委员会第三十六次会议修订，并于2023年1月1日起实施。

（一）立法目的及意义

农产品质量安全直接关系到人民群众的日常生活、身体健康和生命安全，关系到社会的和谐稳定和民族发展，关系到农业对外开放和农产品在国内外市场的竞争力。《农产品质量安全法》的正式出台，是关系到"三农"（农业、农村、农民）乃至整个经济社会长远发展的一件大事，对于推进农业标准化、提高农产品质量安全水平、全面提升我国农产品的竞争力具有重大而深远的影响和意义。

（二）《农产品质量安全法》在 2022 年修订后的调整范围

2022 年修订后的《农产品质量安全法》调整范围的内涵包括三个方面：一是关于调整的产品范围问题，本法所称农产品，是指来源于农业的初级产品，即在农业活动中获得的植物、动物、微生物及其产品；二是关于调整的行为主体问题，既包括农产品的生产者和销售者，也包括农产品质量安全管理者和相应的检测技术机构及人员等；三是关于调整的管理环节问题，既包括产地环境、农业投入品的科学合理使用、农产品生产和产后处理的标准化管理，也包括农产品的包装、标识、标志和市场销售管理。

二、主要内容

最新修订的《农产品质量安全法》包括总则、农产品质量安全风险管理和标准制定、农产品产地、农产品生产、农产品销售、监督管理、法律责任和附则等 8 章，共 81 条。

（一）确立的基本制度及配套规章制度

《农产品质量安全法》主要包括以下 10 项基本制度。

（1）政府统一领导、以农业主管部门为主体、相关部门分工协作配合的农产品质量安全管理体制。

（2）农产品质量安全标准的强制实施制度。

（3）防止农产品产地污染危及农产品质量安全的农产品产地管理制度。

（4）农产品生产记录制度和农业投入品的生产、销售、使用制度。

（5）农产品质量安全管理控制制度。

（6）农产品的包装和标识使用制度。

（7）农产品质量安全监测制度。

（8）农产品质量安全监督检查制度。

（9）农产品质量安全的风险分析、评估制度和信息发布制度。

（10）对农产品质量安全违法行为的责任追究制度。

（二）农产品产地管理

《农产品质量安全法》第二十条规定国家建立健全农产品产地监测制度。县级以上地方人民政府农业农村主管部门应当会同同级生态环境、自然资源等部门制定农产品产地监测计划，加强农产品产地安全调查、监测和评价工作。《农产品质量安全法》第二十一条规定县级以上地方人民政府农业农村主管部门应当会同同级生态环境、自然资源等部门按照保障农产品质量安全的要求，根据农产品品种特性和产地安全调查、监测、评价结果，依照土壤污染防治等法律法规的规定提出划定特定农产品禁止生产区域的建议，报本级人民政府批准后实施。任何单位和个人不得在特定农产品禁止生产区域种植、养殖、捕捞、采集特定农产品和建立特定农产品生产基地。特定农产品禁止生产区域划定和管理的具体办法由国务院农业农村主管部门会同国务院生态环境、自然资源等部门制定。

为贯彻实施《农产品质量安全法》中关于农产品产地管理的规定，原农业部进一步制定了《农产品产地安全管理办法》。

(三) 农产品生产者在生产过程中应当遵守的规定

生产过程是影响农产品质量安全的关键环节。《农产品质量安全法》对农产品生产者在生产过程中保证农产品质量安全的基本义务作了规定，主要包括如下内容。

（1）依照规定合理使用农业投入品。农产品生产者应当按照相关规定，合理使用化肥、农药、兽药、饲料和饲料添加剂等农业投入品，禁止使用国家明令禁止使用的农业投入品，防止违反规定使用农业投入品危及农产品质量安全。

（2）依照规定建立农产品生产记录。农产品生产企业和农民专业合作经济组织应当建立农产品生产记录，如实记载使用农业投入品的有关情况，动物疫病和植物病虫草害的发生和防治情况，以及农产品收获、屠宰、捕捞的日期等情况。

（3）对农产品生产者生产的农产品的质量安全状况进行检测。农产品生产企业和农民专业合作经济组织应当自行或者委托检测机构对其生产的农产品的质量安全状况进行检测，经检测不符合农产品质量安全标准的，不得销售。

(四) 农产品包装和标识

建立农产品的包装和标识制度，对方便消费者识别农产品质量安全状况及逐步建立农产品质量安全追溯制度都具有重要作用。《农产品质量安全》对农产品包装和标识的规定主要包括如下内容。

（1）对国务院农业主管部门规定在销售时应当标识和附加标识的农产品，应当按照规定经包装或者附加标识后方可销售，属于农业转基因生物的农产品，应当按照农业转基因生物安全管理的有关规定进行标识。依法需要实施检疫的动植物及其产品，应当开具检疫合格的标志、证明。

（2）农产品在包装、保鲜、储存、运输中所使用的保鲜剂、防腐剂和添加剂等材料，应当符合国家有关强制性标准以及其他农产品质量安全规定。

（3）销售的农产品符合相关标准的，农产品生产者可以申请使用相应的农产品质量标志。

(五) 农产品质量安全的监督检查

依法实施对农产品质量安全状况的监督检查，是防止不符合农产品质量安全标准的农产品流入市场，危害人民群众健康的必要措施，是农产品质量安全监管部门必须履行的法定职责。

(六) 农产品质量安全监测制度

建立农产品质量安全监测制度是为了全面、及时、准确地掌握和了解农产品质量安全状况，根据农产品质量安全风险评估结果，对风险较高的危害进行例行监测，既为政府管理提供决策依据，又方便有关团体和公众及时了解相关信息，最大限度地减小影响农产品质量安全的因素对人民身体的危害。

农产品质量安全监测制度的具体规定主要包括监测计划的制定依据、监测的区域、监测的品种和数量、监测的时间、产品抽样的地点和方法、监测的项目和执行标准、判定的依据和原则、承担的单位和组织方式、呈送监测结果和分析报告的格式、结果公告的时间和方式等。

(七) 农产品检测机构

《农产品质量安全法》规定，监督抽查检测应当委托相关的农产品质量安全检测机构进行，农产品质量安全检测机构必须具备相应的检测条件和能力，由省级以上人民政府农业行政主管部门或者其授权的部门考核合格，同时应当依法经计量认证合格。建立农产品质量安全检验检测机构，开展农产品生产环节和市场流通等环节的质量安全监测工作，是实施农产品质量安全监管的重要手段，也是世界各国，尤其是发达国家的普遍做法。在我国，目前通过原农业部授权认可和国家计量认证的农产品质量安全检验检测中心已近240家，全国省、市、县原农业部门已经建立检测机构1 100多家，检测内容基本涵盖了主要农产品、农业投入品和农业环境等相关领域，拥有各类检测技术人员近2万名。

（八）农产品批发市场

《农产品质量安全法》明确规定了禁止销售的农产品范围，同时规定农产品批发市场应当设立或者委托农产品质量安全检测机构，对进场销售的农产品质量安全状况进行抽查检测，发现不符合农产品质量安全标准时，应当要求销售者立即停止销售，并向农业行政主管部门报告，同时应当建立健全进货检查验收制度。《农产品质量安全法》还规定了批发市场相应的民事赔偿责任等法律责任。

（九）县级以上地方人民政府

从世界范围来看，政府作为公共安全的管理者，有义务履行农产品质量安全监管责任。从我国来看，全面提高农产品质量安全水平、建立健全农产品质量安全监管制度和长效机制，离不开政府的组织领导和统筹规划。为此，《农产品质量安全法》强化了地方人民政府对农产品质量安全监管的责任，对县级以上地方人民政府的职责和义务进行了专门规定。

任务实施

根据以上知识点完成所给任务单，任务单如表3-5所示。

表3-5 《农产品质量安全法》学习任务单

学生姓名：　　　　　　班级：　　　　　　日期：

任务分解	《农产品质量安全法》的应用范围	
	乳制品的质量安全所涉及的部门	
	乳制品监督检查的步骤	

考核评价

《农产品质量安全法》考核评价表如表3-6所示。

表3-6 《农产品质量安全法》考核评价表

学生姓名：　　　　　　班级：　　　　　　日期：

评价方式	考核项目	评价要求		评价分数
自我评价（20分）	相关知识	了解农产品质量安全的概念		
	任务准备	了解农产品质量安全监督流程		
同伴互评（20分）	参与度	1. 目标和分工 2. 任务完成效率	1. 高效完成分配任务 2. 及时总结和反馈	

续表

评价方式	考核项目		评价要求	评价分数
教师评价（60分）	课前	通用能力	课前预习任务	能说出乳制品的质量安全包括哪些方面	
	课中	专业能力	完成任务	1. 知道《农产品质量安全法》的应用范围 2. 能说出乳制品质量安全所涉及的部门 3. 能说出乳制品质量安全检测的步骤	
		职业素养	发现并解决问题的能力	明确《农产品质量安全法》的地位及其在实际生活和工作中的应用	
	课后	知识拓展	信息化手段的应用	利用相关网络课程资源丰富知识体系	

思考练习

（1）大豆的质量安全检测有哪些步骤？
（2）转基因玉米属于农产品吗？

知识拓展

《食用农产品市场销售质量安全监督管理办法》解读

任务四 《标准化法》

知识储备

【知识讲解】

标准化法

一、基本信息

为了加强标准化工作，提升产品和服务质量，促进科学技术进步，保障人身健康和生命财产安全，维护国家安全、生态环境安全，提高经济社会发展水平，我国制定《标准化法》。《标准化法》于 1988 年 12 月 29 日第七届全国人大常委会第五次会议通过，2017 年 11 月 4 日第十二届全国人大常委会第三十次会议对其进行了修订。《标准化法》的修订标志着我国标准化工作向科学化、法治化方向又迈进了一大步，充分体现了国家对标准化工作的高度重视。

二、主要内容

（一）总则

1. 标准的范围和分类

《标准化法》所称标准（含标准样品），是指农业、工业、服务业以及社会事业等领域需要统一的技术要求。标准包括国家标准、行业标准、地方标准和团体标准、企业标准。国家标准分为强制性标准、推荐性标准，行业标准、地方标准属于推荐性标准。强制性标准必须执行。国家鼓励采用推荐性标准。

2. 标准化工作的任务和保障

标准化工作的任务是制定标准、组织实施标准以及对标准的制定、实施进行监督。县级以上人民政府应当将标准化工作纳入本级国民经济和社会发展规划，将标准化工作经费纳入本级预算。

3. 制定标准的基本要求

制定标准应当在科学技术研究成果和社会实践经验的基础上，深入调查论证，广泛征求意见，保证标准的科学性、规范性、时效性，提高标准质量。

4. 标准化工作管理体制

国务院标准化行政主管部门统一管理全国标准化工作。国务院有关行政主管部门分工管理本部门、本行业的标准化工作。县级以上地方人民政府标准化行政主管部门统一管理本行政区域内的标准化工作。县级以上地方人民政府有关行政主管部门分工管理本行政区域内本部门、本行业的标准化工作。

5. 标准化协调机制

国务院建立标准化协调机制，统筹推进标准化重大改革，研究标准化重大政策，对跨部门跨领域不存在重大争议标准的制定和实施进行协调。设区的市级以上地方人民政府可以根据工作需要建立标准化协调机制，统筹协调本行政区域内标准化工作重大事项。

6. 鼓励参与国内和国际标准化工作

国家鼓励企业，社会团体和教育、科研机构等开展或者参与标准化工作。国家积极推动参与国际标准化活动，开展标准化对外合作与交流，参与制定国际标准，结合国情采用国际标准，推进中国标准与国外标准之间的转化运用。国家鼓励企业，社会团体和教育、科研机构等参与国际标准化活动。

（二）标准的制定

标准主要包括由政府主导制定的标准和市场自主制定的标准，详细内容如项目一任务二,下面主要介绍制定标准的要求。

对保障人身健康和生命财产安全、国家安全、生态环境安全以及经济社会发展所急需的标准项目,制定标准的行政主管部门应当优先立项并及时完成。

制定强制性标准、推荐性标准,应当在立项时对有关行政主管部门、企业、社会团体、消费者和教育、科研机构等方面的实际需求进行调查,对制定标准的必要性、可行性进行论证评估。在制定过程中,应当按照便捷有效的原则采取多种方式征求意见,组织对标准相关事项进行调查分析、实验和论证,并做到有关标准之间的协调配套。

标准应当按照编号规则进行编号。标准的编号规则由国务院标准化行政主管部门制定并公布。

(三) 标准的实施

《标准化法》关于标准实施的规定共7条,具体内容如下。

(1) 不符合强制性标准的产品、服务,不得生产、销售、进口或者提供。

(2) 出口产品、服务的技术要求,按照合同的约定执行。

(3) 国家实行团体标准、企业标准自我声明公开和监督制度。

(4) 企业研制新食品、改进食品,进行技术改造,应当符合本法规定的标准化要求。

(5) 国家建立强制性标准实施情况统计分析报告制度。标准的复审周期一般不超过5年。

(6) 国务院标准化行政主管部门根据标准实施信息反馈、评估、复审情况,对有关标准之间重复交叉或者不衔接配套的,应当会同国务院有关行政主管部门作出处理或者通过国务院标准化协调机制处理。

(7) 县级以上人民政府应当支持开展标准化试点示范和宣传工作,传播标准化理念,推广标准化经验,推动全社会运用标准化方式组织生产、经营、管理和服务,发挥标准对促进转型升级、引领创新驱动的支撑作用。

(四) 监督管理

《标准化法》对标准化工作的监督管理的规定共4条,具体内容如下。

1. 监督职责

县级以上人民政府标准化行政主管部门、有关行政主管部门依据法定职责,对标准的制定进行指导和监督,对标准的实施进行监督检查。

2. 标准争议协调解决机制

国务院有关行政主管部门在标准制定、实施过程中出现争议的,由国务院标准化行政主管部门组织协商;协商不成的,由国务院标准化协调机制解决。

3. 标准编号、复审、备案的监督措施

国务院有关行政主管部门、设区的市级以上地方人民政府标准化行政主管部门未依照本法规定对标准进行编号、复审或者备案的,国务院标准化行政主管部门应当要求其说明情况,并限期改正。

4. 举报投诉措施

任何单位或者个人有权向标准化行政主管部门、有关行政主管部门举报、投诉违反本法规定的行为。

（五）法律责任

1. 未按标准提供产品或服务的民事责任

生产、销售、进口产品或者提供服务不符合强制性标准，或者企业生产的产品、提供的服务不符合其公开标准的技术要求的，依法承担民事责任。

2. 违反强制性标准的行政责任和刑事责任

生产、销售、进口产品或者提供服务不符合强制性标准的，依照《产品质量法》《进出口商品检验法》《消费者权益保护法》等法律、行政法规的规定查处，记入信用记录，并依照有关法律、行政法规的规定予以公示，构成犯罪的，依法追究刑事责任。

3. 其他行为的法律责任

《标准化法》还规定了未按要求公开企业标准，违反标准制定基本原则，未按要求编号、备案、复审，社会团体、企业未按要求编号等行为，以及监管人员的法律责任。

任务实施

根据以上知识点完成所给任务单，任务单如表3-7所示。

表3-7 《标准化法》学习任务单

学生姓名：		班级：	日期：
任务分解	简述食品标准化的定义		
	简述乳制品标准化的方法原理		
	简述乳制品标准化的分类与标准体系		

考核评价

《标准化法》考核评价表如表3-8所示。

表3-8 《标准化法》考核评价表

学生姓名：　　　　　　班级：　　　　　　日期：

评价方式	考核项目		评价要求		评价分数
自我评价（20分）	相关知识		了解标准化的概念		
	任务准备		了解标准化的定义		
同伴互评（20分）	参与度		1. 目标和分工 2. 任务完成效率	1. 高效完成分配任务 2. 及时总结和反馈	
教师评价（60分）	课前	通用能力	课前预习任务	能说出乳制品的标准化方法	
	课中	专业能力	完成任务	1. 知道《标准化法》的应用范围 2. 能根据《标准化法》判断产品的所属食品类别 3. 能辨别产品相应的标准化体系	
		职业素养	发现并解决问题的能力	明确《标准化法》的地位及其在实际生活和工作中的应用	
	课后	知识拓展	信息化手段的应用	利用相关网络课程资源丰富知识体系	

◉ **思考练习**

（1）国内食品标准化分类有哪几种？
（2）肉制品的标准化分类是什么？

◉ **知识拓展**

中华人民共和国标准化法实施条例

项目四　我国食品法规

学习目标

知识目标

（1）熟悉食品法规的概念及制定程序；
（2）了解食品规章及食品规范性文件的概念。

技能目标

（1）知道《食品安全法实施条例》的意义；
（2）能区分食品规章及食品规范性文件的不同。

素质目标

（1）树立法律和标准意识；
（2）具备以食品标准为行为准则的职业素质以及从标准层面保证食品质量和安全的职业意识。

项目导入

近年来，我国食品安全状况不断好转，但现阶段食品产业以"小、散、低"为主的格局还没有根本改观，食品"从农田到餐桌"链条长、体量大、风险触点多。由于违法违规成本低，监管技术手段不足，加之部分企业道德缺失、逐利枉法，所以食品安全问题仍时有发生，需要加大治理力度；同时，食品产业的新技术、新工艺、新业态、新商业模式层出不穷，也需要相应的法规制度对市场主体进行规范引导。《食品安全法实施条例》于 2009 年颁布，部分相关规定已明显滞后，有必要进行全面修订。《食品安全法实施条例》的修订坚持以人民为中心，坚持"四个最严"要求，在食品安全法的基础上，补短板、强弱项，以良法善治，为人民群众"舌尖上的安全"保驾护航。修订后的《食品安全法实施条例》共 10 章、86 条，于 2019 年 12 月 1 日起正式实施。

《食品安全法实施条例》针对具体问题提出了明确监管举措。例如，禁止利用会议、讲座、健康咨询等任何方式对食品进行虚假宣传；对特殊食品检验、销售、标签说明书、广告等管理作出规定；禁止发布没有法定资质的检验机构所出具的检验报告；明晰了进口商对境外出口商和生产企业审核的内容等。为进一步提高监管工作效能，提出建设食品安全职业化检查员队伍；对企业内部举报人给予重奖；制定并公布食品中非法添加物质名录、补充检验方法等。

《食品安全法实施条例》强化了对违法违规行为的惩罚。例如，提高违法成本，增设"处罚到人"制度，最高可处法定代表人及相关责任人年收入 10 倍的罚款；建立严重违法食品生产经营者黑名单制度，实施信用联合惩戒；健全食品安全行政执法与公安机关行政拘留衔接机制等。

任务一 《食品行政法规实施条例》

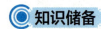

【知识讲解】

我国食品法规实施条例

一、食品行政法规的概念及制定程序

（一）食品行政法规

由国家最高行政机关（国务院）根据宪法和法律以及全国人大及其常委会的授权制定的有关国家行政管理方面的规范性法律文件，其效力仅次于宪法和法律。行政法规的名称为条例、规定和办法。对某一方面行政工作作出比较全面、系统的规定称为"条例"，如《粮食流通管理条例》；对某一方面的行政工作作出的部分规定称为"规定"，如《查处食品标签违法行为规定》；对某一项行政工作作出的较具体的规定称为"办法"，如《保健食品注册管理办法》。

党中央和国务院联合发布的决议指示，既是党中央的决议和指示，又是国务院的行政法规或其他规范性文件，具有法律效力。国务院各部委所发布的具有规范性的命令、指示和规章，也具有法律效力，但其法律地位低于行政法规。

（二）食品行政法规的制定程序

食品行政法规是由国务院根据宪法和法律，在其职权范围内制定的有关国家食品行政管理活动的规范性法律文件，其地位和效力仅次于宪法和法律。

食品行政法规的制定程序如下。

（1）食品行政法规立项：主要由国务院的相关食品行政管理部门，根据实际情况向国务院申请立项，然后由国务院法制局制定立法计划，报国务院批准。

（2）食品行政法规草案的提出：由国务院组织，在广泛听取有关机关、组织、公民的意见的情况下由相关主管部门起草食品行政法规草案。

（3）食品行政法规的审查：国务院法制局对食品行政法规草案进行审查。

（4）食品行政法规的通过：国务院法制局对食品法规草案审议完备后，向国务院递交审查报告及食品行政法规草案修改稿，报国务院审议，然后经国务院常务委员会讨论通过或总理批准。

(5) 食品行政法规的公布：由国务院总理签署国务院令予以公布。

(6) 食品行政法规的备案：食品行政法规公布后30天内报请全国人民代表大会常务委员会备案。

二、《食品安全法实施条例》介绍

随着2015年新修订《食品安全法》的实施，我国食品安全整体水平稳步提升，食品安全总体形势不断向好，但仍存在部门间协调配合不够顺畅，部分食品安全标准之间衔接不够紧密，食品储存、运输环节不够规范，食品虚假宣传时有发生等问题，需要进一步解决，同时，监管实践中形成的一些有效做法也需要总结、上升为法律规范。为进一步细化和落实新版《食品安全法》，解决实践中存在的问题，国务院按照"四个最严"的要求，对2009年7月制定的《食品安全法实施条例》进行了修订。2019年3月26日，国务院常务会议通过了《食品安全法实施条例（修订草案）》，同年10月11日公布了修订后的《食品安全法实施条例》。新《食品安全法实施条例》共10章、86条，自2019年12月1日起施行。下面对《食品安全法实施条例》的主要内容进行介绍，详细内容见知识拓展。

（一）进一步明确职责、强化食品安全监管

《食品安全法实施条例》在进一步明确职责、强化食品安全监管方面作出如下规定：①要求县级以上人民政府建立统一权威的食品安全监管体制，加强监管能力建设；②强调部门依法履职、加强协调配合，规定有关部门在食品安全风险监测和评估、事故处置、监督管理等方面的会商协作、配合义务；③丰富监管手段，规定食品安全监管部门在日常属地管理的基础上，可以采取上级部门随机监督检查、组织异地检查等监督检查方式；④完善举报奖励制度，明确奖励资金纳入各级人民政府预算，并加大对违法单位内部举报人的奖励。

（二）进一步落实生产经营者的食品安全主体责任

《食品安全法实施条例》在进一步落实生产经营者的食品安全主体责任方面作出的主要规定如下：①细化企业主要负责人的责任，规定主要负责人对本企业的食品安全工作全面负责，加强供货者管理、进货查验和出厂检验、生产经营过程控制等工作；②规范食品的储存、运输，规定储存、运输有温度、湿度等特殊要求的食品，应当具备相应的设备设施并保持其有效运行；③完善特殊食品管理制度，对特殊食品的出厂检验、销售渠道、广告管理、产品命名等事项作出相应规范。

（三）完善法律责任

《食品安全法实施条例》对《食品安全法》规定的法律责任进行了完善。①落实党中央和国务院关于食品安全违法行为追究到人的重要精神，对存在故意违法等严重违法情形单位的法定代表人、主要负责人、直接负责的主管人员和其他直接责任人员处以罚款。②细化属于情节严重的具体情形，为执法中的法律适用提供明确指引，对情节严重的违法行为从重从处罚。③针对《食品安全法实施条例》新增的义务性规定，设定严格的法律责任。④规定食品生产经营者依法实施召回或者采取其他有效措施降低、消除食品安全风险，未造成危害后果的，以从轻或者减轻处罚，以此引导食品生产经营者主动、及时采取措施控制风险、减小危害。⑤细化食品安全监管部门和公安机关的协作机制，明确行政

拘留与其他行政处罚的衔接程序。

三、《进出口商品检验法实施条例》介绍

《中华人民共和国进出口商品检验法实施条例》（以下简称《进出口商品检验法实施条例》）于 2005 年 8 月 31 日由中华人民共和国国务院令第 447 号公布，根据 2013 年 7 月 18 日《国务院关于废止和修改部分行政法规的决定》第一次修订，根据 2016 年 2 月 6 日《国务院关于修改部分行政法规的决定》第二次修订，根据 2017 年 3 月 1 日《国务院关于修改和废止部分行政法规的决定》第三次修订，根据 2019 年 3 月 2 日《国务院关于修改部分行政法规的决定》第四次修订，根据 2022 年 3 月 29 日《国务院关于修改和废止部分行政法规的决定》第五次修订，第五次修订版本自 2022 年 5 月 1 日起施行。

（一）总则（第一~第十五条）

根据《中华人民共和国进出口商品检验法》（以下简称商检法）的规定，制定本条例。海关总署主管全国进出口商品检验工作。海关总署设在省、自治区、直辖市以及进出口商品的口岸、集散地的出入境检验检疫机构及其分支机构（以下简称出入境检验检疫机构），管理所负责地区的进出口商品检验工作。简要介绍如下。

（1）海关总署应当依照商检法第四条的规定，制定、调整必须实施检验的进出口商品目录（以下简称目录）并公布实施。目录应当至少在实施之日的 30 日前公布；在紧急情况下，应当不迟于实施之日公布。海关总署制定、调整目录时，应当征求国务院对外贸易主管部门等有关方面的意见。

（2）出入境检验检疫机构对列入目录的进出口商品以及法律、行政法规规定须经出入境检验检疫机构检验的其他进出口商品实施检验（以下称法定检验）。出入境检验检疫机构对法定检验以外的进出口商品，根据国家规定实施抽查检验。进出口药品的质量检验、计量器具的量值检定、锅炉压力容器的安全监督检验、船舶（包括海上平台、主要船用设备及材料）和集装箱的规范检验、飞机（包括飞机发动机、机载设备）的适航检验以及核承压设备的安全检验等项目，由有关法律、行政法规规定的机构实施检验。

（二）进口商品的检验（第十六~第二十三条）

（1）法定检验的进口商品的收货人应当持合同、发票、装箱单、提单等必要的凭证和相关批准文件，向报关地的出入境检验检疫机构报检；通关放行后 20 日内，收货人应当依照本条例第十八条的规定，向出入境检验检疫机构申请检验。法定检验的进口商品未经检验的，不准销售，不准使用。

（2）法定检验的进口商品、实行验证管理的进口商品，海关按照规定办理海关通关手续。

（3）法定检验的进口商品应当在收货人报检时申报的目的地检验。

（4）除法律、行政法规另有规定外，法定检验的进口商品经检验，涉及人身财产安全、健康、环境保护项目不合格的，由出入境检验检疫机构责令当事人销毁，或者出具退货处理通知单，办理退运手续；其他项目不合格的，可以在出入境检验检疫机构的监督下进行技术处理，经重新检验合格的，方可销售或者使用。当事人申请出入境检验检疫机构出证的，出入境检验检疫机构应当及时出证。

（5）法定检验以外的进口商品，经出入境检验检疫机构抽查检验不合格的，依照本条

例第十九条的规定处理。

（三）出口商品的检验（第二十四~第三十条）

（1）法定检验的出口商品的发货人应当在海关总署统一规定的地点和期限内，持合同等必要的凭证和相关批准文件向出入境检验检疫机构报检。法定检验的出口商品未经检验或者经检验不合格的，不准出口。

（2）在商品生产地检验的出口商品需要在口岸换证出口的，由商品生产地的出入境检验检疫机构按照规定签发检验换证凭单。发货人应当在规定的期限内持检验换证凭单和必要的凭证，向口岸出入境检验检疫机构申请查验。经查验合格的，由口岸出入境检验检疫机构签发货物通关单。

（3）法定检验的出口商品、实行验证管理的出口商品，海关按照规定办理海关通关手续。

（4）法定检验的出口商品经出入境检验检疫机构检验或者经口岸出入境检验检疫机构查验不合格的，可以在出入境检验检疫机构的监督下进行技术处理，经重新检验合格的，方准出口；不能进行技术处理或者技术处理后重新检验仍不合格的，不准出口。

（5）法定检验以外的出口商品，经出入境检验检疫机构抽查检验不合格的，依照本条例第二十七条的规定处理。

（6）出口危险货物包装容器的生产企业，应当向出入境检验检疫机构申请包装容器的性能鉴定。包装容器经出入境检验检疫机构鉴定合格并取得性能鉴定证书的，方可用于包装危险货物。

（7）对装运出口的易腐烂变质食品、冷冻品的集装箱、船舱、飞机、车辆等运载工具，承运人、装箱单位或者其代理人应当在装运前向出入境检验检疫机构申请清洁、卫生、冷藏、密固等适载检验。未经检验或者经检验不合格的，不准装运。

（四）监督管理（第三十一~第四十一条）

（1）出入境检验检疫机构根据便利对外贸易的需要，可以对列入目录的出口商品进行出厂前的质量监督管理和检验。

（2）国家对进出口食品生产企业实施卫生注册登记管理。获得卫生注册登记的出口食品生产企业，方可生产、加工、储存出口食品。获得卫生注册登记的进出口食品生产企业生产的食品，方可进口或者出口。

（3）出入境检验检疫机构根据需要，对检验合格的进出口商品加施商检标志，对检验合格的以及其他需要加施封识的进出口商品加施封识。具体办法由海关总署制定。

余下略。

（五）法律责任（第四十二~第五十六条）

（1）擅自销售、使用未报检或者未经检验的属于法定检验的进口商品，或者擅自销售、使用应当申请进口验证而未申请的进口商品的，由出入境检验检疫机构没收违法所得，并处商品货值金额5%以上、20%以下罚款；构成犯罪的，依法追究刑事责任。

（2）擅自出口未报检或者未经检验的属于法定检验的出口商品，或者擅自出口应当申请出口验证而未申请的出口商品的，由出入境检验检疫机构没收违法所得，并处商品货值金额5%以上、20%以下罚款；构成犯罪的，依法追究刑事责任。

（3）销售、使用经法定检验、抽查检验或者验证不合格的进口商品，或者出口经法定检验、抽查检验或者验证不合格的商品的，由出入境检验检疫机构责令停止销售、使用或者出口，没收违法所得和违法销售、使用或者出口的商品，并处违法销售、使用或者出口的商品货值金额等值以上、3倍以下罚款；构成犯罪的，依法追究刑事责任。

（4）进出口商品的收货人、发货人、代理报检企业或者出入境快件运营企业、报检人员不如实提供进出口商品的真实情况，取得出入境检验检疫机构的有关证单，或者对法定检验的进出口商品不予报检，逃避进出口商品检验的，由出入境检验检疫机构没收违法所得，并处商品货值金额5%以上、20%以下罚款。

（5）伪造、变造、买卖或者盗窃检验证单、印章、标志、封识、货物通关单或者使用伪造、变造的检验证单、印章、标志、封识、货物通关单，构成犯罪的，依法追究刑事责任；尚不够刑事处罚的，由出入境检验检疫机构责令改正，没收违法所得，并处商品货值金额等值以下罚款。

（六）附则（第五十七~第五十九条）

（1）当事人对出入境检验检疫机构、海关总署作出的复验结论、处罚决定不服的，可以依法申请行政复议，也可以依法向人民法院提起诉讼。

当事人逾期不履行处罚决定，又不申请行政复议或者向人民法院提起诉讼的，作出处罚决定的机构可以申请人民法院强制执行。

（2）出入境检验检疫机构实施法定检验、依法设立的检验机构办理检验鉴定业务，按照国家有关规定收取费用。

（3）本条例自2005年12月1日起施行。1992年10月7日国务院批准、1992年10月23日原国家进出口商品检验局发布的《中华人民共和国进出口商品检验法实施条例》同时废止。

任务实施

根据以上知识点完成所给任务单，任务单如表4-1所示。

表4-1 食品法律法规学习任务单

学生姓名：		班级：	日期：
任务分解	查阅《食品安全法实施条例》并归纳		
	找到《食品安全法实施条例》与《食品安全法》的几处不同		
	判断《进出口商品检验法实施条例》所属规章类别		

考核评价

食品法律法规考核评价表如表4-2所示。

表4-2 食品法律法规考核评价表

学生姓名：		班级：	日期：
评价方式	考核项目	评价要求	评价分数
自我评价（20分）	相关知识	了解条例以及与《食品安全法》配套条例的性质	
	任务准备	查阅并熟读《食品安全法实施条例》内容	

续表

评价方式	考核项目		评价要求		评价分数
同伴互评 （20分）	参与度		1. 目标和分工 2. 任务完成效率	1. 高效完成分配任务 2. 及时总结和反馈	
教师评价 （60分）	课前	通用能力	课前预习任务	能说出《食品安全法实施条例》的修订过程	
	课中	专业能力	完成任务	1. 能归纳《食品安全法实施条例》和《进出口商品检验法实施条例》的内容 2. 能区分条例与法的不同 3. 能根据所给条例写出其所属类别	
		职业素养	发现并解决问题的能力	能运用《食品安全法实施条例》分析实际工作中的案例	
	课后	知识拓展	信息化手段的应用	利用相关网络课程资源丰富知识体系	

◉ **思考练习**

（1）《食品安全法实施条例》和《食品安全法》的区别是什么？
（2）《进出口商品检验法实施条例》的规定包括哪几个方面？

◉ **知识拓展**

中华人民共和国进出口商品检验法

任务二　食品规章与规范性文件

◉ **知识储备**

【知识讲解】

食品规章与规范性文件

一、食品规章

（一）分类

食品规章分为两种类型：一是指由国务院行政部门依法在其职权范围内制定的食品行政管理规章，其在全国范围内具有法律效力，如《食品生产许可管理办法》；二是指由各省、自治区、直辖市以及省、自治区人民政府所在地和经国务院批准的较大的市的人民政府，根据食品法律在其职权范围内制定和发布的有关地区食品管理方面的规范性文件，其仅在本地区内有效，如《北京市储备粮管理办法》等。

（二）我国食品规章的制定程序

1. 食品部门规章的制定程序

（1）立项。

（2）起草。食品部门规章草案的起草工作以国务院食品管理部门的职能司为主，法制与监督司或政策法规司参与配合，可邀请食品专家、法律专家参与论证。

（3）审核。食品部门规章由法制与监督司或政策法规司审核。

（4）通过。食品部门规章草案审核后，召开部（局）务会议讨论，决定是否通过。

（5）公布。食品部门规章由行政首长签署命令予以公布。

（6）备案。食品部门规章公布后30日内报国务院备案。

2. 地方政府食品规章的制定程序

（1）起草。地方政府食品规章草案由享有地方政府食品规章制定权的地方食品行政部门负责起草。

（2）审核。由地方食品行政部门在其职权范围内提出，送地方人民政府法制局审核。

（3）通过。经法制局审核后，提交政府常务会议或者全体会议讨论，决定是否通过。

（4）公布。地方政府食品规章由省、自治区或直辖市行政首长签署命令予以公布。

（5）备案。地方政府食品规章公布后30日内报国务院备案。

（三）具体内容

食品规章示例如图4-1所示。

图4-1 食品规章示例

二、食品规范性文件

(一) 概念

(1) 广义上,规范性文件指属于法律范畴(即宪法、法律、行政法规、地方性法规、自治条例、单行条例、国务院部门规章和地方政府规章)的立法性文件和除此以外的由国家机关和其他团体、组织制定的具有约束力的非立法性文件的总和。

(2) 狭义上,规范性文件指法律范畴以外的其他具有约束力的非立法性文件,主要有条例、规定、通告、办法、决定5种,如国家市场监督管理总局食品审评中心发布的规范性文件《饮料生产许可审查细则》《婴幼儿辅助食品生产许可审查细则》等。食品规范性文件示例如图4-2所示。

图 4-2 食品规范性文件示例

(二) 具体内容

◎ 任务实施

根据以上知识点完成所给任务单,任务单如表4-3所示。

表 4-3 食品规章、规范性文件学习任务单

学生姓名: 　　　　　　班级: 　　　　　　日期:

任务分解	查阅并写出几个食品规章	
	查阅并写出几个食品规范性文件	
	归纳《肉制品生产许可审查细则》的主要内容	

◎ 考核评价

食品规章、规范性文件考核评价表如表4-4所示。

表4-4 食品规章、规范性文件考核评价表

学生姓名：　　　　　　　　班级：　　　　　　　　日期：

评价方式	考核项目			评价要求	评价分数
自我评价（20分）	相关知识			了解食品规章、规范性文件的概念	
	任务准备			了解我国食品规章的制定程序	
同伴互评（20分）	参与度		1. 目标和分工 2. 任务完成效率	1. 高效完成分配任务 2. 及时总结和反馈	
教师评价（60分）	课前	通用能力	课前预习任务	能说出食品规章与规范性文件的不同	
	课中	专业能力	完成任务	1. 会查阅食品规章，并区分部门和地方属性 2. 会查阅食品规范性文件，并区分其与食品规章的差别 3. 能归纳规食品范性文件的主要内容	
		职业素养	发现并解决问题的能力	能运用食品规章、规范性文件解决食品生产中的实际问题	
	课后	知识拓展	信息化手段的应用	利用相关网络课程资源丰富知识体系	

◎ 思考练习

（1）简述食品规章及规范性文件的概念及二者的区别。

（2）我国食品规章的制定程序是什么？

◎ 知识拓展

中华人民共和国行政许可法

项目五　我国食品标准及标准体系

学习目标

知识目标

（1）熟悉我国食品标准体系；
（2）掌握常用食品国家标准的主要内容；
（3）掌握我国主要的食品安全监管制度及食品安全监管机构的主要职责；
（4）掌握常用食品国家标准的主要内容；
（5）掌握食品添加剂和食品营养强化剂的使用原则和基本要求；
（6）了解主要的食品流通标准；
（7）掌握主要的食品检验方法与规程标准以及食品产品标准。

技能目标

（1）能辨别不同类型的食品标准；
（2）能判断食品安全监管机构；
（3）能建立具体食品生产的标准体系；
（4）能通过食品标准体系进行食品合规生产和规避相关风险。

素质目标

（1）具有严谨的合规管理意识；
（2）具有严谨的法律意识和食品安全责任意识；
（3）具有高度的社会责任感和职业素养；
（4）具有终身学习、勤于钻研、谨慎调查、善于总结、勇于负责的职业精神。

项目导入

标准体系是一定范围内的标准按其内在联系形成的科学有机整体。实现一个国家的标准化目的有关的所有标准可以形成一个国家的标准体系，实现某种产品的标准化目的有关的标准可以形成该种产品的标准体系。标准体系的组成单元是标准。标准体系应具有以下特性：目的性，即每个标准体系都应是围绕实现某一特定的标准化目的而形成的；层次性，即同一标准体系内的标准可分为若干个层次，它反映了标准体系的纵向结构；协调性，即标准体系内的各项标准在相关内容方面应衔接一致；配套性，即标准体系内的各项标准应互相补充、互相依存，共同构成一个完整整体；比例性，即标准体系内的各类标准在数量上应保持一定的比例关系；动态性，即标准体系随着时间的推移和条件的改变应不断发展更新。将一个标准体系内的标准按一定的形式排列起来的图表，就是标准体系表。制订标准体系表有利于了解一个系统内标准的全貌，从而指导标准化工作，提高标准化工作的科学性、全面性、系统性和预见性。

食品标准体系是以系统科学及标准化原理为指导，对食品的生产环节、加工环节、流通环节及消费环节进行风险分析，即对食品"从农田至餐桌"整体过程中的每个影响食品安全及质量的相关要素进行分析及控制的整体化安全评价标准，根据相关要素之间的关联性，构成一个系统化、科学化且合理可行的有机食品安全整体体系。

现阶段，我国的标准按效力与权限分为国家标准、行业标准、地方标准及企业标准。在实际的食品安全管制中，根据食品标准的约束性，可以将食品标准分成强制性标准及推荐性标准两种；按照归口单位的差异性，可以食品标准将体系分成卫健委归口、农业部归口及国家市场监督管理总局归口；根据食品标准内容的差异性，可以将食品标准分成食品生产规范标准、食品检验方法标准、食品产品标准及食品添加剂标准。截至2022年11月，我国已制定发布了1 478项食品国家标准，涉及近2万项食品安全指标，初步构建起"从农田至餐桌"的食品国家标准体系，覆盖了食品及与食品相关的其他行业。

根据《食品安全法》的规定，由国务院卫生行政部门会同国务院食品药品监督管理部门制定并公布食品安全标准；国务院标准化行政部门提供国家标准编号；食品中农药和兽药残留量的限制及检验方法及规程均由国务院卫生行政部门、国务院食品药品监督管理部门及国务院农业行政部门等相关部门制定，同时国务院农业行政部门与国务院卫生行政部门对屠宰畜禽的市场检验规程及畜禽屠宰检验条例进行制定。行业标准为全国某一行业的统一标准，由国务院有关行政主管部门制定行业标准，同时报国务院标准化行政部门进行备案。同一内容的国家标准公布后，同内容的行业标准即被废止。在实际的食品安全监管中，严格按照食品标准体系的要求对食品安全进行科学有效的监控，促进我国食品安全整体水平的提升。

任务一　食品标准体系

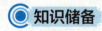

【知识讲解】

中华人民共和国行政许可法

一、食品安全标准体系

食品安全标准体系是为实现食品有序生产、安全消费、有效管理等目的，将"从农田至餐桌"整体过程中的各种影响因素、管理手段、控制目标所涉及的技术要求，按照内在联系组成的一个科学、系统、有机的整体。食品标准体系的建立，完善细化了食品加工原料的采购，食品加工、储藏、销售各环节的规范和要求，对具体的卫生指标也有要求，且更具系统性和可操作性，为食品终产品的安全提供保障。

食品标准体系包括食品国家标准、食品地方标准。其中食品国家标准是我国食品标准体系的主体。我国食品国家标准包括食品通用标准（基础标准），食品产品标准，食品卫生标准以及食品检验方法与规程标准等。食品地方标准的具体分类与食品国家标准相似。

食品国家标准体系框架如图5-1所示。

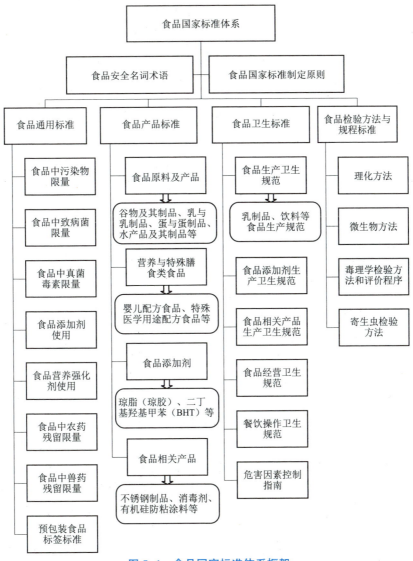

图5-1 食品国家标准体系框架

（一）食品通用标准

食品通用标准对一般性和普遍性的食品安全危害和措施进行了规定，其涉及的食品类别多、范围广，通用性较高。我国常见食品通用标准包括食品中污染物、致病菌、真菌毒素、农兽药残留等相关限量标准，食品添加剂和食品营养强化剂使用标准，预包装食品标签标准等，如表5-1所示。

表5-1 我国常见食品通用标准

序号	标准名称	标准号
1	食品安全国家标准 食品中真菌毒素限量	GB 2761—2017
2	食品安全国家标准 食品中污染物限量	GB 2762—2022
3	食品安全国家标准 预包装食品中致病菌限量	GB 29921—2021
4	食品安全国家标准 食品中农药最大残留限量	GB 2763—2021
5	食品安全国家标准 食品中2,4-滴丁酸钠盐等112种农药最大残留限量	GB 2763.1—2022
6	食品安全国家标准 食品中兽药最大残留限量	GB 31650—2019
7	食品安全国家标准 食品中41种兽药最大残留限量	GB 31650.1—2022
8	食品安全国家标准 食品添加剂使用标准	GB 2760—2024
9	食品安全国家标准 食品营养强化剂使用标准	GB 14880—2012
10	食品安全国家标准 食品接触材料及制品用添加剂使用标准	GB 9685—2016
11	食品安全国家标准 预包装食品标签通则	GB 7718—2011
12	食品安全国家标准 预包装食品营养标签通则	GB 28050—2011
13	食品安全国家标准 预包装特殊食用食品标签	GB 13432—2013
14	食品安全国家标准 食品添加剂标识通则	GB 29924—2013

（二）食品产品标准

食品产品标准针对具有特殊性的食品、食品添加剂或食品相关产品，制定相应的指标、限量（或措施）和其他必要的技术要求等。同时，生产经营规范标准从全方位对食品、食品添加剂和食品相关产品的生产经营过程进行了要求，确保从生产到销售的每个环节都符合标准。

例如，我国对食品添加剂的使用有严格的规定，主要体现在《食品安全国家标准 食品添加剂使用标准》（GB 2760）中。该标准详细规定了食品添加剂的使用原则、允许使用的食品添加剂的品种、使用范围及最大使用量或残留量。此外，我国对食品添加剂的标识也有明确规定，如必须明确标示食品添加剂的具体名称或功能类别名称，并且标示方法应统一。2024年2月8日正式实施的新版GB 2760（GB 2760—2024）对食品添加剂的使用标准进行了更新。新标准增加了近年来国家卫生健康委员会以公告形式批准使用的食品添加剂品种和使用规定，并对部分食品添加剂品种进行了删除，对部分食品类别的食品添加剂限量也进行了调整。

在食品产品标准中，GB 4806系列标准对食品的包装材料、容器、工具等进行了规定，主要提出了材料的安全性、卫生性、环保性等方面的要求。例如，《食品安全国家标准 食品接触材料及制品通用安全要求》（GB 4806.1—2016）规定了食品接触材料及制品的基本要求、限量要求、符合性原则、检验方法、可追溯性和产品信息等。

（三）食品卫生标准

食品卫生标准是指国家对食品生产过程中必须达到的卫生质量和卫生条件所规定的客

观指标和要求。例如，《食品安全国家标准 食品经营过程卫生规范》（GB 31621—2014）和《食品安全国家标准 速冻食品生产和经营卫生规范》（GB 31646—2018）等对食品生产过程中的原料要求、生产与储存环境、加工与销售流程、运输与配送、检测与监控方面提出了要求。《餐饮业大气污染物排放标准》（DB11/1488—2018）等要求生产经营过程必须达到一定的净化空气质量要求，排放废气的污染物不得超过国家实施的区域环境污染控制标准等。具体食品卫生标准如下。

（1）原料要求。食品生产所使用的原料必须符合国家法律法规的要求，不得使用可能对人体健康产生危害的原料。这要求食品生产企业对原料进行严格的筛选和检测，确保其安全、合格。

（2）生产与储存环境。食品生产企业需要建立和维护一套科学、完善、严格的食品生产与储存环境卫生管理体系；生产车间、设备、容器和包装材料等必须符合相关卫生标准，并进行定期清洗、消毒和维护；储存环境需要保持干燥、清洁、通风，防止食品受潮、霉变和污染。

（3）加工与销售流程。食品加工和销售企业需要建立和执行严格的食品加工和销售流程；加工环节应按照相关规定进行加工、制造和包装，并进行严格的质量控制和检测；销售环节应确保食品的质量安全，并严格执行产品追溯制度，确保食品的可追溯性。

（4）运输与配送。食品运输和配送企业需要建立和实施科学、有效的食品运输管理和配送流程；运输工具应符合相关规定，并符合食品安全要求；在运输过程中，需要采取适当的措施，如温度控制、防潮、防尘等措施，以确保食品的质量和安全。

（5）检测与监控。食品生产、加工和销售企业需要建立和执行食品质量安全监控制度，并定期进行食品的质量检测和监测。这包括原料检测、生产过程监控、成品检测等环节，以确保食品的质量和安全符合国家标准和法规要求。

（四）检验方法与规程标准

食品检验方法与规程标准是确保食品质量、安全性和合规性的重要指导文件。例如，《茶叶感官审评方法》（GB/T 23776—2018）、《食品安全国家标准 肉及肉制品中甲萘威残留量的测定 液相色谱-柱后衍生荧光检测法》（GB 23200.105—2016）和《食品安全国家标准 食品微生物学检验 霉菌和酵母计数》（GB 4789.15—2016）等标准制定了对食品质量要素进行测定、试验、计量所遵循的统一规定，其涵盖了感官、物理、化学、微生物学分析等多个方面，以确保食品的安全性、合规性和质量一致性。

（1）食品检验过程可用到如下检验方法。

①感官检验法：通过人的感觉器官对食品的色、香、味、形、组织状态等进行检查，以初步评估食品的质量。

②理化检验法：利用物理、化学的原理和方法，对食品中的营养成分、添加剂、有害物质等进行检测。理化检验法包括各种分析技术，如色谱技术、光谱技术、生物技术等。

③微生物检验法：检测食品中的微生物污染情况，如细菌、霉菌、酵母菌等，以评估食品的卫生质量。

（2）食品检验规程标准是对食品检验工作的具体步骤、程序、要求等进行的统一规定，以确保检验工作的规范性和准确性。例如，《牛羊屠宰产品品质检验规程》（GB 18393—2001）、《马铃薯商品薯分级与检验规程》（GB/T 31784—2015）和《进出口速冻蔬菜检验规程》（SN/T 0626—2011）等标准对抽样和样品管理、检验方法和步骤、数据处理和结果判定、记录和报告等进行了相应规定。

①抽样和样品管理：规定抽取样品的方法、样品的保存和运输要求等，以确保样品的代表性和完整性。

②检验方法和步骤：明确具体的检验方法、操作步骤和使用的仪器设备等，以确保检验结果的准确性和可靠性。

③数据处理和结果判定：规定数据的处理方法和结果的判定标准，以确保检验结果的客观性和公正性。

④记录和报告：要求记录检验过程中的各种数据和信息，并编制检验报告，以便对食品质量进行评估和监控。

二、食品安全监管体系

（一）我国食品安全监管机构

在 2003 年以前，我国的食品安全监管工作主要由卫生、农业、质检、经贸、工商等部门负责，其基本特征是一个部门只负责食品链中的一个或者几个环节的监管，部门之间的协调性较差。2003 年第十届全国人民代表大会第一次会议后，中国食品安全监管体制进行了重大改革。最大的一项举措是成立了国家食品药品监督管理总局，赋予其食品、保健品、化妆品安全管理的综合监督、组织协调和依法组织开展对重大事故的查处三方面职责，并将国家食品药品监督管理总局定位为"抓手"的角色，使其可直接向国务院报告食品安全监管工作。2004 年 9 月下发的《国务院关于进一步加强食品安全工作的决定》对食品安全监管体制做出了新的安排。目前，我国与食品安全监管有关的机构包括国家市场监督管理总局、国家卫生健康委员会、海关总署、农业农村部、商务部、国家粮食和物资储备局等。下面简要介绍前四家机构。

1. 国家市场监督管理总局

国家市场监督管理总局是国务院组成部门，负责市场综合监督管理、市场主体登记注册、组织和指导市场监管综合执法工作、反垄断统一执法、监督管理市场秩序、宏观质量管理、产品质量安全监督管理、食品安全监督管理综合协调以及食品安全监督管理等。国务院食品安全委员会具体工作由国家市场监督管理总局承担。国家市场监督管理总局设立 29 个内设部门，与食品安全监管直接相关的部门包括食品安全协调司、食品生产安全监督管理司、食品经营安全监督管理司、特殊食品安全监督管理司，食品安全抽检监测司、广告监督管理司、产品质量安全监督管理司等。

（1）食品安全协调司负责拟定推进食品安全战略的重大政策措施并组织实施，承担统筹协调食品全过程监管中的重大问题，推动健全食品安全跨地区跨部门协调联动机制工作，承办国务院食品安全委员会日常工作。

（2）食品生产安全监督管理司负责分析掌握生产领域食品安全形势、拟定食品生产监督管理和食品生产者落实主体责任的制度措施并组织实施（如组织食盐生产质量安全监督管理工作）、组织开展食品生产企业监督检查、组织查处相关重大违法行为，以及指导企业建立健全食品安全可追溯体系。

（3）食品经营安全监督管理司负责经营环节的监督管理工作，分析掌握流通和餐饮服务领域食品安全形势，拟定食品流通、餐饮服务、市场销售食用农产品监督管理和食品经营者落实主体责任的制度措施，组织实施并指导开展监督检查工作（如组织食盐经营质量安全监督管理工作），组织实施餐饮质量安全提升行动，指导重大活动食品安全保障工作（如组织查处相关重大违法行为）。

（4）特殊食品安全监督管理司负责掌握保健食品、特殊医学用途配方食品和婴幼儿配方乳粉等特殊食品领域的安全形势，拟定特殊食品注册、备案和监督管理的制度措施并组织实施（如组织查处相关重大违法行为）。

（5）食品安全抽检监测司负责食品安全监督抽检和风险监测的相关工作，拟定全国食品安全监督抽检计划并组织实施，定期公布相关信息，督促指导不合格食品核查、处置、召回，组织开展食品安全评价性抽检、风险预警和风险交流，参与制定食品安全标准、食品安全风险监测计划，承担风险监测工作，组织排查风险隐患。

（6）广告监督管理司负责制定实施广告监督管理的制度措施，组织指导保健食品、特殊医学用途配方食品等广告审查工作，组织查处虚假广告等违法行为等。

（7）产品质量安全监督管理司负责制定国家重点监督的产品目录并组织实施，承担产品质量国家监督抽查、风险监控和分类监督管理工作，指导和协调产品质量的行业、地方和专业性监督，承担工业产品生产许可管理和食品相关产品质量安全监督管理工作。

2. 国家卫生健康委员会

国家卫生健康委员会是国务院组成部门（原国家卫生和计划生育委员会的职责全部被划入国家卫生健康委员会），负责组织拟定国民健康政策、组织开展食品安全风险评估、制定修订食品国家标准等。国家卫生健康委员会设立21个内设部门，与食品安全监管工作有关的部门主要是食品安全标准与监测评估司。食品安全标准与监测评估司负责组织拟定食品国家标准，开展食品安全风险监测、评估和交流，承担新食品原料、食品添加剂新品种、食品相关产品新品种的安全性审查。

3. 海关总署

海关总署是国务院直属机构，负责全国海关工作，包括组织推动口岸"大通关"建设、海关监管工作、出入境卫生检疫、出入境动植物及其产品检验检疫、进出口商品法定检验等。海关总署设立19个内设部门，与食品安全监管工作有关的部门主要包括进出口食品安全局、动植物检疫司和口岸监管司等。

（1）进出口食品安全局负责拟定进出口食品、化妆品安全和检验检疫的工作制度，依法承担进口食品企业备案注册和进口食品、化妆品的检验检疫、监督管理工作，按分工组织实施风险分析和紧急预防措施（如依据多双边协议承担出口食品相关工作）。

（2）动植物检疫司负责制定出入境动植物及其产品检验检疫的工作制度，承担出入境动植物及其产品的检验检疫、监督管理工作，按分工组织实施风险分析和紧急预防措施，承担出入境转基因生物及其产品、生物物种资源的检验检疫工作。

（3）口岸监管司负责拟定进出境运输工具、货物、物品、动植物、食品、化妆品和人员的海关检查、检验检疫的工作制度并组织实施，拟定物流监控、监管作业场所及经营人管理的工作制度并组织实施，拟定进出境邮件快件、暂准进出境货物、进出境展览品等监管的工作制度并组织实施，承担国家禁止或限制进出境货物、物品的监管等口岸管理工作。

4. 农业农村部

农业农村部是国务院组成部门。原农业部职责整合时，除了渔船检验和监督管理职责被划入交通运输部，其他职责均被划入农业农村部。目前农业农村部主要负责监督管理种植业、畜牧业、渔业、农垦、农业机械化、农产品质量安全等，参与制定农产品质量安全国家标准并会同有关部门组织实施。农业农村部设立23个内设部门，与食品安全监管工作有关的部门主要包括农产品质量安全监管司、种植业管理司（农药管理司）、畜牧兽医局等。

（1）农产品质量安全监管司负责组织实施农产品质量安全监督管理有关工作，指导农产品质量安全监管体系、检验检测体系和信用体系建设，承担农产品质量安全标准的监测、追溯、风险评估等相关工作。

（2）种植业管理司负责起草种植业发展政策、规划，指导种植业结构和布局调整及标准化生产工作，发布农情信息，承担肥料有关监督管理以及农药生产、经营和质量监督管理工作，指导农药的科学合理使用，承担国内和出入境植物检疫、农作物重大病虫害防治等有关工作。

（3）畜牧兽医局负责起草畜牧业、饲料业、畜禽屠宰行业、兽医事业发展政策和规划，监督管理兽医医政、兽药及兽医器械方面的相应文件以及畜禽屠宰、饲料及其添加剂、生鲜乳生产收购环节质量安全，组织实施国内动物防疫检疫，承担兽医国际事务、兽用生物制品安全管理和出入境动物检疫等有关工作。

（二）我国食品安全监管制度

我国食品安全监管制度不断完善。2009年，《食品安全法》替代了《食品卫生法》；2010年，国务院食品安全委员会作为国务院食品安全工作的高层次议事协调机构成立；2011年，国家食品安全风险评估中心组建，初步确立了食品安全科学监管的基础。这些举措为继续深入推进食品安全改革和发展奠定了良好的基础。

我国食品安全监管制度包括食品生产经营许可制度、特殊食品注册备案制度、食品安全风险监测和评估制度、食品生产经营日常监督检查制度、食品安全抽样检验制度、食品追溯制度、食品召回制度等。

1. 食品生产经营许可制度

《食品安全法》第三十五条规定，国家对食品生产经营实行许可制度。在我国境内，从事食品生产、食品销售等，应当依法取得许可，但销售食用农产品不需要取得许可。仅销售预包装食品的，应当报所在地县级以上地方人民政府食品安全监督管理部门备案。

为规范食品生产经营许可活动，加强食品生产经营监督管理，原国家食品药品监督管理总局于2015年发布实施食品经营许可管理办法，规定了食品生产经营许可的申请、受理、审查、决定及其监督检查等方面的标准。国家市场监督管理总局于2020年修订发布实施食品生产许可管理办法。

2. 特殊食品注册备案制度

我国对特殊食品实行注册备案制度，其中对婴幼儿配方乳粉产品配方、特殊医学用途配方食品实行注册制度，对保健食品实行注册和备案制度。

1）婴幼儿配方乳粉产品配方注册

为严格婴幼儿配方乳粉产品配方注册管理，保证婴幼儿配方乳粉质量安全，2016年，原国家市场监督管理总局公布了《婴幼儿配方乳粉产品配方注册管理办法》。自2016年10月1日该办法实施以来，婴幼儿配方乳粉质量显著提高，乳粉行业规范发展，消费者信心明显提振。但是，如何进一步严格管理配方注册、优化审批流程、促进配方研发、鼓励企业创新等需要在立法层面更加明确。2023年7月，国家市场监督管理总局修订发布《婴幼儿配方乳粉产品配方注册管理办法》，自2023年10月1日起施行。2016年原国家市场监督管理总局令第26号公布的《婴幼儿配方乳粉产品配方注册管理办法》同时废止。

2）特殊医学用途配方食品注册

为规范特殊医学用途配方食品注册行为，加强注册管理，保证特殊医学用途配方食品的质量安全，原国家食品药品监督管理总局制定颁布了《特殊医学用途配方食品注册管理办法》，于2016年7月1日起实施。在中华人民共和国境内生产销售和进口的特殊医学用途配方食品的注册管理适用本办法。特殊医学用途配方食品生产企业应当按照批准注册的产品配方、生产工艺等技术要求组织生产，保证特殊医学用途配方食品安全。2023年12月3日，国家市场监督管理总局修订发布《特殊医学用途配方食品注册管理办法》，自2024年1月1日起施行。

新修订发布的《特殊医学用途配方食品注册管理办法》结合近年来的注册管理实践，广泛听取相关方的意见建议，践行监管为民理念，兼顾食品安全"四个最严"和服务产业发展要求。在监管为民方面，该办法强调特殊医学用途配方食品（简称特医食品）注册以临床营养需求为导向，制定优先审评审批程序，将罕见病、临床急需新类型特医食品纳入优先审评审批程序，引导鼓励企业研发临床急需产品，满足临床病患需要；在严格注册要求方面，强调申请人应具备的条件和能力、应承担的法律责任和义务，明确7种产品不予注册的情形；在注册证书中增加"产品的其他技术要求"项目，进一步保障产品质量安全有效，突出标签和说明书特点和禁止性要求，加严加大违规行为处置力度；在优化营商环境方面，优化现场核查流程，细化现场核查内容，压缩临床试验核查时限，提高审评审批时效，明确电子证书法律效力，等等。

3）保健食品注册备案

根据《食品安全法》的要求，我国对保健食品实行注册备案制度。保健食品注册是指食品药品监督管理部门根据注册申请人的申请，依照法定程序、条件和要求，对申请注册的保健食品的安全性、保健功能和质量可控性等相关申请材料进行系统评价和审评，并决定是否准予其注册的审批过程。保健食品备案是指保健食品生产企业依照法定程序、条件和要求，将表明产品安全性、保健功能和质量可控性的材料提交食品药品监督管理部门进行存档、公开、备查的过程。为规范保健食品的注册与备案，2016年原国家市场监督管理总局发布《保健食品注册与备案管理办法》，2020年国家市场监督管理总局完成修订。

3. 食品安全风险监测和评估制度

危险性评估在食品安全领域中主要应用于制定食品安全标准（包括生产规范和指南）。首先，无论是国际食品法典委员会（Codes Alimentarius Commission，CAC）标准还是国家标准，这些标准的制定都必须基于危险性评估的结果。其次，危险性评估的应用还涉及进出口食品的监督检验，按照食品中危害的类别全面地分配各项食品安全管理工作的资源，评价食品安全政策、法规和标准出台后的效果等方面。另外，危害分析与关键控制点（hazard analysis critical control point，HACCP）实施过程中体现了危险性分析的基本思路，可以视为危险性分析理论方法在现实卫生管理中的具体应用。因此，可以认为危险性评估的应用涉及食品安全的各方面。

《食品安全法》规定，国家建立食品安全风险监测制度，对食源性疾病、食品污染以及食品中的有害因素进行监测。国家卫生健康委员会会同国家市场监督管理总局等部门制订、实施国家食品安全风险监测计划。地方政府根据国家食品安全风险监测计划，结合本行政区域的具体情况制订、调整本行政区域的食品安全风险监测方案。

国家卫生健康委员会负责组织食品安全风险评估工作，成立由医学、农业、食品、营养、生物、环境等方面的专家组成的食品安全风险评估专家委员会进行食品安全风险评估，评估结果由国家卫生健康委员会公布。

4. 食品生产经营日常监督检查制度

为贯彻落实《食品安全法》的有关要求，强化食品安全属地管理，建立一套科学、系统、高效的食品生产经营日常监督检查制度，原国家市场监督管理总局制定了《食品生产经营日常监督检查管理办法》。食品安全监督管理部门对食品（含食品添加剂）生产经营者执行食品安全法律法规、规章以及食品安全标准等情况实行日常监督检查，适用此办法。

食品生产环节监督检查事项包括食品生产者的生产环境条件、进货查验结果、生产过程控制、产品检验结果、储存及交付控制、不合格品管理和食品召回、从业人员管理、食品安全事故处置等。食品销售环节监督检查事项包括食品销售者资质，从业人员健康管理，一般规定执行，禁止性规定执行，经营过程控制，进货查验结果，食品储存，不安全食品召回，标签和说明书，特殊食品销售，进口食品销售，食品安全事故处置，以及网络食品交易第三方平台提供者、食品储存及运输者等相关方的法律义务履行情况。

5. 食品安全抽样检验制度

国家市场监督管理总局根据《食品安全法》的有关要求，结合食品安全抽检工作实际情况，制定发布《食品安全抽样检验管理办法》，该办法经国家市场监督管理总局局务会议审议通过，最新版本由2019年8月8日国家市场监督管理总局令第15号公布。该办法分总则、计划、抽样、检验与结果报送、复检和异议、核查处置及信息发布法律责任、附则8章56条，于2019年10月1日起施行。2022年9月29日，国家市场监督管理总局令第61号《国家市场监督管理总局关于修改和废止部分部门规章的决定》对《食品安全抽样检验管理办法》作出修正。

6. 食品追溯制度

《食品安全法》规定，国家建立食品安全全程追溯制度。食品生产经营者应当依照规定建立食品安全追溯体系，保证食品可追溯，国家鼓励食品生产经营者采用信息化手段采集、留存生产经营信息，建立食品安全追溯体系。

国家市场监督管理总局会同农业农村部等有关部门建立食品安全全程追溯协作机制。

国家市场监督管理总局于2017年发布了《关于发布食品生产经营企业建立食品安全

追溯体系若干规定的公告》，食品生产经营企业建立食品安全追溯体系及监管部门指导和监督应符合该公告的有关要求。

7. 食品召回制度

食品召回制度是食品生产者、经营者在获悉其生产、经营的食品不符合食品安全标准、可能危害消费者身体健康时，依法向政府部门报告，通知相关生产经营者和消费者，及时从市场和消费者手中收回问题食品，予以更换、赔偿的制度。

《食品召回管理办法》是为了加强食品生产经营管理，减少和避免不安全食品的危害，保障公众身体健康和生命安全而制定的法规。2015年3月11日，国家市场监督管理总局令第12号公布《食品召回管理办法》。该办法自2015年9月1日起施行，并于2020年10月23日的修订，以满足食品安全风险管理的需要。

根据食品安全风险的严重和紧急程度，食品召回分为三个级别。

（1）一级召回：涉及可能导致严重健康损害甚至死亡的食品，生产者必须在24h内启动召回。

（2）二级召回：涉及可能导致一般健康损害的食品，生产者必须在48h内启动召回。

（3）三级召回：涉及标签、标识存在虚假标注的食品，生产者必须在72h内启动召回。

任务实施

根据以上知识点，以婴幼儿奶粉为例完成所给任务单，任务单如表5-2所示。

表5-2 我国食品标准体系学习任务单

学生姓名： 班级： 日期：

任务分解	写出婴幼儿奶粉的通用标准号	
	熟悉食品国家标准体系框架	
	写出食品安全监管所包含的七项制度	

考核评价

食品标准体系考核评价表如表5-3所示。

表5-3 食品标准体系考核评价表

学生姓名： 班级： 日期：

评价方式	考核项目	评价要求		评价分数
自我评价（20分）	相关知识	能说出食品标准体系与食品安全监管体系的概念与作用		
	任务准备	1. 熟悉食品通用标准 2. 了解主要食品安全监管制度及各食品安全监管机构的职能分工		
同伴互评（20分）	参与度	1. 目标和分工 2. 任务完成效率	1. 高效完成分配任务 2. 及时总结和反馈	

续表

评价方式	考核项目		评价要求	评价分数
教师评价（60分）	课前	通用能力	课前预习任务	能说明食品国家标准和食品安全监管制度的不同	
	课中	专业能力	完成任务	1. 知道食品国家标准的主要内容 2. 能判断所给条例的作用和效力 3. 能判断食品标准的监管归属	
		职业素养	发现并解决问题的能力	知道如何建立食品生产企业安全生产的标准体系	
	课后	知识拓展	信息化手段的应用	利用相关网络课程资源丰富知识体系	

思考练习

（1）食品国家标准体系框架主要包括哪四部分？

（2）食品国家标准体系中的食品通用标准主要包括哪些内容？

（3）说明国家各部门主要负责食品生产中哪个环节的监管。

（4）食品安全风险监测支队对哪些方面进行检测？哪些部门制定、实施国家食品安全风险监测计划？

知识拓展

我国食品标准体系在食品安全监管过程中的应用及现存问题

任务二　食品安全国家标准

知识储备

【知识讲解】

食品安全卫生国家标准

一、食品中有毒有害物质限量的标准

(一) 食品中致病菌的限量标准

2021年，国家卫生健康委员会、国家市场监督管理总局联合发布《食品安全国家标准 预包装食品中致病菌限量》（GB 29921—2021）和《食品安全国家标准 散装即食食品中致病菌限量》（GB 31607—2021）。对于食品生产企业来说，无论是否规定致病菌限量，在生产过程中，经营者均应采取控制措施，尽可能降低食品中的致病菌含量水平及导致风险的可能性。GB 2991—2021适用于以下13种类别的预包装食品，分别为乳制品、肉制品、水产制品、即食蛋制品、粮食制品、即食豆制品、巧克力类及可可制品、即食果蔬制品、饮料、冷冻饮品、即食调味品、坚果与籽类食品、特殊膳食用食品；GB 31607—2021适用于热处理散装即食食品、部分或未经热处理散装即食食品以及其他散装即食食品，不适用于餐饮服务中的食品、商业无菌要求的食品、未经加工或处理的初级农产品。

(二) 食品中真菌毒素的限量标准

《食品安全国家标准 食品中真菌毒素限量》（GB 2761，简称《食品中真菌毒素限量》）是我国强制执行的通用标准。食品生产企业应当严格依据法律法规和标准要求组织生产，并重点做好食品原料中真菌毒素的控制，从食品的源头降低和控制食品中的真菌毒素含量水平。食品中真菌毒素的控制是食品安全管理的重点内容。《食品中真菌毒素限量》的主要内容包括前言、范围、术语和定义、应用原则、指标要求、附录6个部分。

《食品中真菌毒素限量》起源于1981年发布的《食品中黄曲霉毒素B1允许量标准》。2005年，《食品中真菌毒素限量》首次发布，后经2011年和2017年两次修订。2011版标准中规定了6种真菌毒素的限量标准，分别为黄曲霉毒素B、黄曲霉毒素M、脱氧雪腐镰刀菌烯醇、展青霉素、赭曲霉毒素A及玉米赤霉烯酮。2017版标准增加了葡萄酒和咖啡中赭曲霉毒素A限量。欧洲食品中赭曲霉毒素A风险评估报告曾指出，人类摄入的赭曲霉毒素A主要来自谷物，其次是葡萄酒和咖啡等。结合我国葡萄酒和咖啡中赭曲霉毒素A污染及产品消费量情况，标准制定相关部门对我国葡萄酒和咖啡中赭曲霉毒素A的暴露风险进行了评估。根据风险评估结果，新的《食品中真菌毒素限量》（GB 2761—2017）中增加了葡萄酒和咖啡中赭曲霉毒素A限量要求。

为补充已发布食品安全国家标准特殊膳食产品标准中设置的污染物限量，已发布的《食品安全国家标准 特殊医学用途配方食品通则》（GB 29922—2013）、《食品安全国家标准 辅食营养补充品》（GB 22570—2014）、《食品安全国家标准 运动营养食品通则》（GB 24154—2015）、《食品安全国家标准 孕妇及母乳营养补充食品》（GB 31601—2015）4项特殊膳食用食品产品标准中都设置了真菌毒素限量指标，为保证通用标准的完整性，GB 2761—2011修订时，这几项特殊膳食产品标准涉及的真菌毒素限量均增加于GB 2761—2017中。

(三) 食品中污染物的限量标准

《食品安全国家标准 食品中污染物限量》（GB 2762，简称《食品中污染物限量》）起源于1994年发布的《食品中汞限量卫生标准》。2005年，《食品中污染物限量》首次发布，后经2012年和2017年两次修订。该标准规定了除农药残留、兽药残留、生物毒素和放射性物质以外的污染物限量,共规定了13种污染物:铅、镉、汞、砷、锡、镍、铬、亚硝酸盐、硝酸盐、苯并[a]芘、N-二甲基亚硝胺、多氯联苯、3-氯-1,2-丙二醇。GB 2762—2022是在2017年标准的基础上修订的,对术语和定义,应用原则,部分食品中铅、镉、砷、汞等指标都做了进一步完善,还修改了食品中锡限量指标的注释用词及标注位置、包装饮用水中污染物限量引用的检验方法、附录A食品类别(名称)说明中的部分分类,增加了液态婴幼儿配方食品的折算比例等。该标准于2023年6月30日起正式实施。

在该标准更新过程中明确了可食用部分的重要概念。"可食用部分"是食品原料经过机械手段去除非食用部分后,所得到的用于食用的部分。引入此概念,一是有利于重点加强食品可食用部分的加工过程管理,防止和减少污染,提高了标准的针对性;二是可食用部分客观反映了居民膳食消费的实际情况,提高了标准的科学性和可操作性。

该标准规定的食品中污染物限量如无特别规定,均是以食品的可食用部分计算。这里强调非食用部分的去除手段须为机械手段,如谷物碾磨、水果剥皮、坚果去壳、肉去骨、鱼去刺、贝去壳等,而不可为任何非机械手段,如粗制植物油精炼过程等。采用"机械手段"一词进行描述主要为了区分化学手段以及水分蒸发等物理手段,并非指只能使用机器加工。

(四) 食品中农药最大残留限量标准

近年来,农业农村部会同卫生、市场监管等有关部门,基本建立起与我国农业生产和农药监管相适应的农药残留标准体系。有关部门先后颁布实施了《食品安全国家标准 食品中农药最大残留限量》(GB 2763—2012、GB 2763—2014、GB 2763—2016、GB 2763.1—2018和GB 2763—2019、GB 2763—2021以及GB 2763.1—2022,简称《农药最大残留限量》)。

2021版标准规定了564种农药在376种(类)食品中的10 092项最大残留限量,标准数量首次突破1万项,达到CAC的近2倍。与2019版标准相比,新增农药品种81个、残留限量2 985项。2022年11月11日,国家卫生健康委员会、农业农村部和国家市场监督管理总局联合发布《食品安全国家标准 食品中2,4-滴丁酸钠盐等112种农药最大残留限量》(GB 2763.1—2022),自2023年5月11日起正式实施。GB 2763.1—2022是GB 2763—2021的增补版,二者可以配套使用。

(五) 食品中兽药最大残留限量标准

我国现行兽药最大残留限量标准为《食品安全国家标准 食品中兽药最大残留限量》(GB 31650),我国兽药最大残留限量标准的制定工作开始于20世纪90年代。1994年农业部制定并发布《动物性食品中兽药最大残留限量(试行)》,1999年由于畜禽产品出口欧盟的需要,对兽药最大残留限量标准进行了修订,2002年农业部再次组织专家对1999年发布的限量标准进行修订和完善,发布了235号公告。该标准经过多年的使用已被证实具有可操作性,但也发现了一些问题,需要对该标准进行修订。2008年,农业部启动该标准的修调工作。2019年,《食品安全国家标准 食品中兽药最大残留限量》(GB 31650—2019)由农业农村部、国家卫生健康委员会及国家市场监督管理总局共同发布,从2020年4月1日起实施。

GB 31650—2019规定了动物性食品中阿苯达唑等104种(类)兽药的最大残留限量,规定了醋酸等154种允许用于食品动物,但不需要规定残留限量的兽药;规定了氯丙嗪等

9种允许用于治疗，但不得在动物性食品中被检出的兽药。该标准适用于与最大残留限量相关的动物性食品（其中的技术要求包括已批准动物性食品中最大残留限量规定的兽药；允许用于动物性食品，但不需要规定残留限量的兽药；允许用于治疗，但不得在动物性食品中被检出的兽药。）

二、食品安全产品标准

食品安全产品标准包括《食品安全国家标准 食品生产通用卫生规范》（GB 14881）、《食品安全国家标准 食品经营过程卫生规范》（GB 31621）等通用卫生规范，以及《食品安全国家标准 乳制品良好生产规范》（GB 12693）、《食品安全国家标准 罐头食品生产卫生规范》（GB 8950）等专项食品生产卫生规范。

2023年9月6日，国家卫生健康委员会会同国家市场监督管理总局新发布了《食品安全国家标准 乳制品良好生产规范》（GB 12693—2023），该标准是对《食品安全国家标准 乳制品良好生产规范》（GB 12693—2010）的修订，于2024年9月6日实施。

新版标准根据《食品安全国家标准 食品生产通用卫生规范》（GB14881—2013）修改了标准框架，包括14章、附录A和附录B，各章通用要求均引用了GB14881—2013中相关章条的规定，仅对特殊要求进行补充说明，以便于企业贯彻落实。新版标准内容要求更加细化和简洁，同时符合行业发展的需要。它提醒乳制品生产企业应在过渡期间尽快优化调整原料管控、生产场所、设施设备、食品安全控制、人员培训等，以便在过渡期结束时符合新标准的规定。新版标准是专项食品生产卫生规范在食品生产通用卫生规范基础上的有效应用与改进。

三、辐照食品卫生标准

随着核能技术的广泛应用和核能工业的快速发展，食品中放射性物质的污染问题逐渐受到人们的关注。为确保食品安全，国家卫生健康委员会根据相关法律法规和技术要求，根据国际辐射防护委员会（International Commission on Radiological Protection，ICRP）26号和30号出版物以及原国家基本标准《放射卫生防护基本标准》（GB 4792—1984）对公众长期持续照射控制原则，结合当时国内外研究进展，于1994年制定和发布《食品中放射性物质限制浓度标准》（GB 14882—1994）和配套的《食品中放射性物质检验》系列国家标准（GB 14883.1—2016~GB 14883.10—2016），目前检验标准均已被食品国家标准代替。GB 14882—1994为强制性国家标准，于1994年9月1日开始执行。

目前，我国对于辐射性物质的限量只有GB 14882—1994这一个标准，在2011年已经着手修订该标准，并在2013年提交食品安全国家标准审评委员会秘书处审评，在2013年发布了GB 14882—1994的修订征求意见稿，但至今未发布正式文本。另外，食品安全国家标准审评委员会秘书处在2020年再一次征求了GB 14882—1994修订的立项意见。

GB 14882—1994标准规定了食品中12种人工放射性元素和7种天然放射性元素的调查水平和限制浓度。这些元素包括铀、钍、镭等，它们在自然界中广泛存在，但在某些特定情况下（如核事故、核试验和辐照杀菌技术等）可能导致食品中放射性物质的含量超标。因此，GB 14882—1994标准明确了这些元素在食品中的允许含量，适用于各种粮食、薯类、蔬菜及水果、肉鱼虾类和奶类食品等。这些食品是人们日常饮食中不可或缺的部分，因此该标准的制定对于保障人民群众的食品安全具有重要意义。

任务实施

根据以上知识点完成所给任务单，任务单如表5-4所示。

表5-4 食品安全国家标准学习任务单

学生姓名：　　　　　　　　班级：　　　　　　　　日期：

任务分解	辨别食品中存在的有毒有害物质的限量属于哪个标准	
	分析具有代表性的食品安全产品标准的通用卫生规范和专项食品生产卫生规范	
	写出导致食品中放射性物质含量超标的原因	

考核评价

食品安全国家标准考核评价表如表5-5所示。

表5-5 食品安全国家标准考核评价表

学生姓名：　　　　　　　　班级：　　　　　　　　日期：

评价方式	考核项目		评价要求	评价分数
自我评价（20分）	相关知识		了解食品中各项有毒有害物质的限量标准和适用范围	
	任务准备		熟悉食品中有毒有害物质的危害	
同伴互评（20分）	参与度		1. 目标和分工　1. 高效完成分配任务 2. 任务完成效率　2. 及时总结和反馈	
教师评价（60分）	课前	通用能力	课前预习任务　能说出大部分食品中的有毒有害物质	
	课中	专业能力	完成任务　1. 会查阅相应食品安全国家标准 2. 能判断不同类型食品中有毒有害物质的限量要求 3. 能够通过通用和专项食品生产卫生规范控制食品生产各环节的风险	
		职业素养	发现并解决问题的能力　能通过相应标准的使用控制生产中食品的安全卫生	
	课后	知识拓展	信息化手段的应用　利用相关网络课程资源丰富知识体系	

思考练习

（1）《食品中污染物限量》中引入"可食用部分"的概念有什么作用？

（2）食品安全产品标准中的通用卫生规范的内容包括什么？

知识拓展

食品污染

任务三　食品添加剂和食品营养强化剂标准

知识储备

【知识讲解】

食品添加剂和营养强化剂标准

一、《食品添加剂使用标准》

食品添加剂指为改善食品的品质和色、香、味以及为防腐、保鲜和加工工艺的需要而加入食品的人工合成或者天然物质，也包括食品营养强化剂。《食品安全国家标准 食品添加剂使用标准》（GB 2760—2014，以下简称《食品添加剂使用标准》）是于2015年5月24日实施的一项中华人民共和国国家标准，规定了食品添加剂的使用原则、允许使用的食品添加剂品种、食品添加剂的使用范围及最大使用量或残留量。

GB 2760规定，食品添加剂也包括食品用香料、胶基糖果中基础剂物质、食品工业用加工助剂。GB 2760涵盖了一般的食品添加剂食品用香料、食品工业用加工助剂的规定，将食品营养强化剂的相关内容列入《食品安全国家标准 食品营养强化剂使用标准》（GB 14880，以下简称《食品营养强化剂使用标准》）管理。

GB 2760规定了我国批准使用食品添加剂的种类、名称、使用范围、使用量、使用原则等。GB 14880规定了食品营养强化剂的允许使用品种、使用范围、使用量、可使用的营养素化合物来源等，一旦生产单位在食品中进行营养强化，则必须符合GB 14880的相关要求，但是生产单位可以自愿选择是否在产品中强化相应的营养素。

2024年3月12日，国家卫生健康委员会同国家市场监督管理总局发布《食品添加剂使用标准》（GB 2760—2024）等47项食品安全国家标准和6项修改单，于2025年2月8日正式实施。GB 2760—2024纳入了GB 2760—2014实施以来国家卫生健康委员会以公告形式批准使用的食品添加剂品种和使用规定，截至国家卫生健康委员会2023年第5号公告,并且根据2015年实施的《食品安全法》,在食品添加剂的定义中增加了包含食品营养强化剂的内容。新品种许可、复配食品营养强化剂等食品营养强化剂的管理可参考食品添加剂相关管理规定执行。

(一) 使用原则

1. 食品添加剂使用基本要求

食品添加剂的使用应符合以下基本要求。
(1) 不应对人体产生任何健康危害。
(2) 不应掩盖食品腐败变质。
(3) 不应掩盖食品本身或加工过程中的质量缺陷或以掺杂、掺假、伪造为目的。
(4) 不应降低食品本身的营养价值。
(5) 在达到预期效果的前提下尽可能降低使用量。

2. 可使用食品添加剂的情况

在下列情况下可使用食品添加剂。
(1) 保持或提高食品本身的营养价值。
(2) 作为某些特殊膳食用食品的必要配料或成分。
(3) 提高食品的质量和稳定性,改进其感官特性。
(4) 便于食品的生产、加工、包装、运输或者储藏。

3. 食品添加剂质量标准

按照该标准使用的食品添加剂应当符合相应的质量规格要求。

4. 带入原则

在下列情况下食品添加剂可以通过食品配料(含食品添加剂)带入食品。
(1) 根据该标准,食品配料中允许使用该食品添加剂。
(2) 食品配料中该食品添加剂的使用量不应超过允许的最大使用量。
(3) 应在正常生产工艺条件下使用这些配料,并且食品中该食品添加剂的含量不应超过由食品配料带入的水平。
(4) 由食品配料带入食品的该食品添加剂的含量应明显低于直接将其添加到该食品中通常所需要的水平。

当某食品配料作为特定终产品的原料时,批准用于上述特定终产品的食品添加剂允许被添加到这些食品配料中,同时该食品添加剂在终产品中的含量应符合该标准的要求。在所述特定食品配料的标签上应明确标示该食品配料用于上述特定食品的生产。

5. 食品工业用加工助剂的使用原则

(1) 食品工业用加工助剂(以下简称"加工助剂")应在食品生产加工过程中使用,使用时应具有工艺必要性,在达到预期目标的前提下应尽可能降低使用量。
(2) 加工助剂一般应在制成最终成品之前除去,无法完全除去的,应尽可能降低其残留量,其残留量不应对健康产生危害,不应在最终成品中发挥功能作用。
(3) 加工助剂应符合相应的质量规格要求。

(二) 使用规定

(1) GB 2760附录A中,表A.1规定了食品添加剂的允许使用品种、使用范围以及最大使用量或残留量。

（2）GB 2760 附录 A 中，表 A.2 规定了表 A.1 中例外食品编号对应的食品类别。

（3）GB 2760 附录 A 中，表 A.1 列出的食品添加剂按照规定的使用范围和最大使用量使用。如果允许某一食品添加剂应用于某一食品类别，则允许其应用于该类别下的所有类别食品，另有规定的除外。下级食品类别与上级食品类别对同一食品添加剂的最大使用量规定不一致的，应遵守下级食品类别的规定。

食品添加剂
使用标准

（4）GB 2760 附录 A 中，表 A.1 列出的同一功能且具有数值型最大使用量的食品添加剂（仅限相同色泽着色剂、防腐剂、抗氧化剂）在混合使用时，各自使用量占其最大使用量的比例之和不应超过 1。

（5）GB 2760 附录 A 中，表 A.1 未包括对食品用香料和用作加工助剂的食品添加剂的有关规定。

（6）GB 2760 附录 A 中，表 A.1 中的"功能"栏为该食品添加剂的主要功能，供使用时参考。

二、《食品营养强化剂使用标准》

《食品营养强化剂使用标准》（GB 14880）是在现代营养科学的指导下，根据不同地区、不同人群的营养缺乏状况和营养需要，以及为弥补食品在日常加工、储存时造成的营养素损失，在食品中选择性地加入一种或者多种微量营养素或其他营养物质的标准。

《食品营养强化剂使用标准》（GB 14880—1994）自 1994 年发布以来，对规范我国的食品营养强化、指导生产单位生产起到了积极作用。此外，卫生部继续以公告的形式增补和扩大新批准的营养素品种和使用范围，实现对该标准的动态管理。按照《食品安全法》的要求和卫生部标准清理计划，为做好标准与其他食品国家标准的有效衔接、方便生产单位使用和消费者理解，亟须借鉴国际和发达国家食品营养强化的管理经验，结合我国居民的最新营养状况和食品营养强化的实际情况对该标准进行修订和完善。

《食品营养强化剂使用标准》（GB 14880—2012）对《食品营养强化剂使用标准》（GB 14880—1994）中食品营养强化剂的使用规定和历年卫生部批准的食品营养强化剂使用情况进行汇总、梳理以及科学分类。《食品营养强化剂使用标准》经食品安全国家标准审评委员会第六次主任会议审查通过，于 2012 年 3 月 15 日公布，自 2013 年 1 月 1 日起正式施行。

GB 14880—2012 在评估和批准食品营养强化剂的使用范围和使用量时，已充分考虑到该营养素在特定食品中的本底含量及特定人群的营养需要，同时结合我国居民膳食营养素参考摄入量（dietary reference intake，DRI），以确保强化后的食品在提高食品中营养素含量的同时不会造成营养素摄入过量。

GB 14880—2012 附录 A 中规定了食品营养强化剂的使用量，该使用量是指在生产过程中允许的实际添加量。鉴于不同食品原料本底中含有的各种营养素含量差异性较大，而且不同营养素在产品生产和货架期的衰减和损失也不尽相同，强化后的营养素在终产品中的实际含量很可能高于或低于该标准规定的使用量。

GB 14880—2012 中特别规定，使用了食品营养强化剂的预包装食品，在营养成分表中还应标示强化后食品中该营养成分的含量值及其占营养素参考值（nutrient reference value，NRV）的百分比。因此，在预包装食品中，食品营养强化剂在终产品中的实际含量应如实标注在营养成分表中。

GB 2760—2014 及 GB 14880—2012 都分别有食品分类系统及食品类别（名称）说明，分别用于界定食品添加剂及食品营养强化剂的适用范围，且都分别只适用于各自标准。对于部分既属于食品营养强化剂又属于食品添加剂的物质，如果以营养强化为目的，则其使用应符合 GB 14880—2012 的规定；如果作为食品添加剂使用，则其使用应符合现行 GB 2760—2014 或即将施行的 GB 2760—2024 的规定。

（一）标准框架

《食品营养强化剂使用标准》框架包括正文和 4 个附录。

（1）正文：包括范围、术语和定义、营养强化的主要目的、使用食品营养强化剂的要求、可强化食品类别的选择要求、食品营养强化剂使用规定、食品类别（名称）说明、食品营养强化剂质量标准 8 项内容。

（2）附录 A：食品营养强化剂使用规定。

（3）附录 B：允许使用的食品营养强化剂化合物来源名单。

（4）附录 C：允许用于特殊膳食用食品的食品营养强化剂及化合物来源。

（5）附录 D：食品类别（名称）说明。

（二）使用规定

食品营养强化剂在食品中的使用范围、使用量应符合附录 A 的要求，允许使用的化合物来源应符合附录 B 的规定。

特殊膳食用食品中营养素及其他营养成分的含量按相应的食品国家标准执行，允许使用的食品营养强化剂及化合物来源应符合附录 C 和（或）相应产品标准的要求。

附录 C 共两个表格，其中表 C.1 规定了允许用于特殊膳食用食品（即附录 D 中 13.0 类别下的食品）的食品营养强化剂及化合物来源名单，表 C.2 规定了仅允许用于部分特殊膳食用食品的其他营养成分及使用量。

三、《食品添加剂标识通则》

《食品安全国家标准 食品添加剂标识通则》（GB 29924—2013，以下简称《食品添加剂标识通则》）自 2015 年 6 月 1 日起开始实施。该标准主要适用于食品添加剂的标识，同时食品营养强化剂的标识也可以参照该标准使用。然而，该标准并不适用于为食品添加剂在储藏运输过程中提供保护的储运包装标签的标识。

（一）基本要求

标识应符合国家法律法规的规定，符合产品标准的规定；标识应清晰、醒目、持久、易于辨认、识别；标识内容应真实、准确，不能欺骗和误导使用者。

标识上应明确标注食品添加剂的名称、规格、生产日期、保质期，生产者或经销者的名称、地址、联系方式等信息。对于复配食品添加剂，还应在食品配料表中一一标示在终产品中具有功能作用的每种食品添加剂。

（二）提供给生产经营者的内容及要求

《食品添加剂标识通则》为生产经营者提供了关于食品添加剂标识的详细内容和要求，

以确保食品添加剂的标识规范、准确，从而保障消费者的知情权和健康权。

食品添加剂必须有包装标识和产品说明书，标识内容包括品名、产地、厂名、卫生许可证号、规格、配方或者主要成分、生产日期、批号或者代号、保质期限、使用范围与使用量、使用方法等，并明确标示"食品添加剂"字样。

食品添加剂的标签、说明书不得含有虚假内容，其文字、符号、图形应当清晰、准确、易于辨认和识读。食品添加剂有使用禁忌或与其他物质混合的注意事项的，应当标示"禁忌""注意事项"警示性标识内容和警示性说明。如果食品添加剂是受他人委托加工的，则还应标明受委托生产者的名称、地址和联系方式等内容。

这些规定和要求旨在确保食品添加剂的安全使用，食品添加剂的标识信息准确、完整，便于消费者理解和使用，同时促进食品添加剂行业的规范发展。

任务实施

自选预包装食品样品，完成任务单，任务单如表 5-6 所示。

表 5-6　食品添加剂和食品营养强化剂标准任务单

学生姓名：　　　　　　　　　班级：　　　　　　　　　日期：

任务分解	写出食品添加剂使用的基本要求	
	写出《食品营养强化剂使用标准》在评估和批准食品营养强化剂时需要充分考虑和确保的内容	
	写出《食品添加剂标识通则》的基本要求	

考核评价

食品添加剂和食品营养强化剂标准考核评价表如表 5-7 所示。

表 5-7　食品添加剂和食品营养强化剂标准考核评价表

学生姓名：　　　　　　　　　班级：　　　　　　　　　日期：

评价方式	考核项目		评价要求		评价分数
自我评价（20分）	相关知识		能说出食品添加剂和食品营养强化剂的区别		
	任务准备		通过查询 GB 2760—2014，确定某食品添加剂的使用范围		
同伴互评（20分）	参与度		1. 目标和分工 2. 任务完成效率	1. 高效完成分配任务 2. 及时总结和反馈	
教师评价（60分）	课前	通用能力	课前预习任务	能准确说出食品添加剂与食品营养强化剂的区别	
	课中	专业能力	完成任务	1. 能通过标准判断食品添加剂的使用范围及使用量 2. 能通过标准判断食品营养强化剂的使用范围及使用量 3. 能判断食品添加剂标识是否规范和准确	

续表

评价方式	考核项目		评价要求		评价分数
教师评价（60分）	课中	职业素养	发现并解决问题的能力	能判断食品添加剂标识是否规范和准确，并进行校正	
	课后	知识拓展	信息化手段的应用	利用相关网络课程资源丰富知识体系	

思考练习

（1）什么是食品添加剂？
（2）食品添加剂的带入原则有哪些？
（3）加工助剂的使用原则有哪些？
（4）为什么有的食品中要加入食品营养强化剂？

知识拓展

食品添加剂与食品营养强化剂简介

任务四　食品流通标准

知识储备

【知识讲解】

食品流通标准

一、食品接触材料及制品相关标准

食品接触材料及制品属于食品相关产品，是指在正常使用条件下，各种已经或预期可能与食品或食品添加剂（简称食品）接触或其成分可能转移到食品中的材料和制品，包括食品生产、加工、包装、运输、储存、销售和使用过程中用于食品的包装材料、容器、工具和设备，以及可能直接或间接接触食品的油墨、黏合剂、润滑油等，不包括洗涤剂、消毒剂和公共输水设施。食品用洗涤剂和食品用消毒剂属于食品相关产品，但不属于食品接触材料及制品，公共输水设施则不属于食品相关产品的管理范畴。食品接触材料及制品不应危害人体健康，不应给食品的成分带来不可接受的改变，不应给食品的感官性能带来改变。食品接触材料及制品的生产过程中需要使用不同种类的有毒有害物质，如铅、镉、铬等重金属，甲醛、苯、多氯联苯等，这些有毒有害物质会在与食品接触的过程中迁移至食品中。因此，食品接触材料及制品中一定量的成分会随同食品一起被消费者摄入，可能会造成一定的风险。为了管控风险，我国制定了一系列法律法规和标准，形成了完善的食品接触材料及制品法律法规和标准体系。食品接触材料及制品的生产、储存、销售、使用等过程必须严格遵守相关法律法规和标准，才能把安全风险降到可接受的水平。

食品接触材料及制品标准体系分为通用标准、产品标准、检测方法标准、生产规范标准四大类。

（一）通用标准

20世纪90年代，卫生部出台了8项食品接触材料及制品卫生管理办法，对塑料、橡胶、搪瓷、陶瓷和涂料等食品接触材料及制品的管理分别进行了规定，随着《食品安全法》的颁布，这些管理办法已于2010年废止。之后，我国开始构建食品接触材料及制品标准体系，制定发布了多项食品接触材料及制品标准。在标准体系构建过程中，人们发现存在一些涉及整个食品接触材料及制品标准体系的原则性问题需要加以明确，在缺乏相应管理办法的情况下，亟须建立相关标准，为现行食品接触材料及制品标准在实际监管过程中亟待解决的问题提供出处，为其他配套通用标准、产品标准、检测方法标准和生产规范标准的制定提供依据。在此背景下，《食品安全国家标准 食品接触材料及制品通用安全要求》（GB 4806.1—2016）于2016年10月19日发布，并于2017年10月19日正式实施。该标准是食品接触材料及制品标准体系的通用标准，其他食品接触材料及制品标准必须在其规定的原则下进行制定。另外，《食品安全国家标准 食品接触材料及制品用添加剂使用标准》（GB 9685—2016）也同步发布实施，该标准规定了食品接触材料及制品用添加剂的使用原则，允许使用的添加剂的品种、使用范围、最大使用量、特定迁移量或最大残留量、特定迁移总量限量及其他限制性要求。这两项通用标准的发布和实施解决了食品接触材料及制品标准在实际管理和应用中存在的通用性问题，对于提升整个标准体系的科学性和协调性起到了非常重要的作用。《食品安全国家标准 食品接触材料及制品标签通则》（GB/T 30643—2014）规定了食品接触材料及制品标签的基本原则、制作要求和标注内容，适用于直接提供给消费者最终使用的食品接触材料及制品。目前新国标《食品安全国家标准 食品接触材料及制品用黏合剂》（GB 4816.15—2024）于2024年2月颁布，并于2025年2月正式实施。该标准增加了黏合剂的分类、黏合剂用原料的管理及关于黏合剂中的芳香族伯胺（PAA）使用的规定。

（二）产品标准

食品接触材料及制品的材质类别繁多，包括塑料、纸、橡胶、金属、陶瓷、玻璃和竹木等材料。各类材质的原材料、加工工艺有很大差别，这使其可能含有的危害因素差异显著，《食品安全国家标准 食品接触材料及制品通用安全要求》不能有效涵盖所有食品接触材料及制品对食品安全的需求，因此需要制定专门的产品标准。目前，现行有效的食品接触材料及制品产品标准主要是GB 4806.2—2016～GB 4806.11—2016系列标准，如表5-8

所示。

除了以上强制性产品标准以外，食品接触材料及制品的产品标准还包括推荐性国家标准、行业标准、地方标准和由社会团体自行发布的团体标准，如《食品包装用多层共挤膜、袋》（GB/T 28117—2011）和《多层复合食品包装膜、袋》（DB13/T 2361—2016）等。

表 5-8 食品接触材料及制品标准列表

序号	标准号	标准名称
1	GB 4806.2—2016	食品安全国家标准 奶嘴
2	GB 4806.3—2016	食品安全国家标准 搪瓷制品
3	GB 4806.4—2016	食品安全国家标准 陶瓷制品
4	GB 4806.5—2016	食品安全国家标准 玻璃制品
5	GB 4806.6—2016	食品安全国家标准 食品接触用塑料树脂
6	GB 4806.7—2016	食品安全国家标准 食品接触用塑料材料及制品
7	GB 4806.8—2016	食品安全国家标准 食品接触用纸和纸板材料及制品
8	GB 4806.9—2016	食品安全国家标准 食品接触用金属材料及制品
9	GB 4806.10—2016	食品安全国家标准 食品接触用涂料及涂层
10	GB 4806.11—2016	食品安全国家标准 食品接触用橡胶材料及制品

（三）检测方法标准

随着预包装食品的蓬勃发展，食品接触材料及制品的品种越来越多，用途越来越广泛，接触的食品类别及加工使用条件也越来越复杂，为统一检测规则，反映实际接触迁移情形，原国家卫生和计划生育委员会于2015年首次制定发布了《食品安全国家标准 食品接触材料及制品迁移试验通则》（GB 31604.1—2015），并修订了与之配套使用的检测方法标准《食品安全国家标准 食品接触材料及制品迁移试验预处理方法通则》（GB 5009.156—2016）。这两项标准是食品接触材料及制品迁移试验的基础标准，其他检测方法标准的制定应当以其为基础。2023年9月颁布了《食品安全国家标准 食品接触材料及制品迁移试验通则》（GB31604.1—2023），于2024年9月实施。GB604.1—2023与GB31604.1—2015相比，修改了范围、术语和定义、基本要求、食品模拟物的选择、迁移试验条件的选择等，规定了各类食品接触材料及制品迁移试验的术语和定义、基本要求、食品模拟物的选择、迁移试验条件的选择、筛查方法、化学溶剂替代试验、迁移试验结果校正和迁移试验结果选择。

（四）生产规范标准

为了规范食品接触材料及制品的生产和流通，有必要制定食品接触材料及制品的生产规范。《食品安全国家标准 食品接触材料及制品生产通用卫生规范》（GB 31603）规定了食品接触材料及制品从原辅料采购、加工到包装、储存和运输等各环节的场所、设施、人员的基本卫生要求和管理准则。该标准适用于各类食品接触材料及制品的生产，如果确有必要制定某类食品接触材料及制品的专项生产规范，则应当以该标准作为基础。

二、食品包装相关标准

食品包装标准体系是一个综合性的体系，它涵盖了食品包装材料、包装方法、包装标志、外观、尺寸等多个方面的标准化规定，以确保食品安全和满足消费者的需求。

我国颁布实施的食品包装相关国家标准包括《食品包装容器及材料的术语和分类》《食品包装容器及材料生产企业通用良好操作规范》（GB/T 23887—2009）等。

《食品包装容器及材料生产企业通用良好操作规范》适用于食装容器及材料生产企业，规定了食品包装容器及材料生产企业的厂区环境、厂房和设施、设备、人员、生产加工过程和控制、卫生管理、质量管理、文件和记录、投诉处理和产品召回、产品信息和宣传引导等方面的基本要求。《食品包装用塑料与铝箔复合膜、袋》（GB/T 28118—2011）等食品包装用材料专用标准规定了相应食品包装用材料的产品分类、要求、试验方法、标志、包装、运输和储存等。

三、食品标签相关标准

食品标签用于展示食品的营养等基础信息，真实准确的标识能够为消费者正确选择食品提供信息支持，帮助消费者合理搭配并平衡膳食营养，从而指导消费者合理地购买食品。尤其是安全性标识内容可以向消费者传递潜在的风险及危害，保护消费者的健康与安全。食品标签和广告是企业向消费者展示其产品特性及特征的主要媒介，只有充分标示食品的基础信息、真实合规地进行广告宣传，企业才能更好地推广和宣传产品，从而更好地促进企业的产品销售，监管机构也才能实施精准监管。

食品标签的相关法律法规有《食品安全法》《食品标识管理规定》《食品安全国家标准 预包装食品标签通则》（以下简称《预包装食品标签通则》）、《食品安全国家标准 预包装食品营养标签通则》（以下简称《预包装食品营养标签通则》）、《食品安全国家标准 预包装特殊膳食用食品标签》（以下简称《预包装特殊膳食用食品标签》）等。

（一）《预包装食品标签通则》

《预包装食品标签通则》（GB 7718—2011）是我国关于预包装食品标签的基本标准。该标准于2012年4月20日正式实施，旨在确保预包装食品标签的规范性、真实性和准确性，保障消费者的知情权和选择权。该标准适用于直接提供给消费者的预包装食品标签和非直接提供给消费者的预包装食品标签，同时也适用于为预包装食品在储藏运输过程中提供保护的食品储运包装标签，但它不适用于散装食品和现制现售食品的标签。根据《预包装食品标签通则》，预包装食品标签需要包含一系列强制标示内容，如食品名称，配料表，净含量和规格，生产者和（或）经销者的名称、地址和联系方式，生产日期和保质期，储存条件，食品生产许可证编号，产品标准代号等。此外，如果食品中使用了食品添加剂，还需要在标签上标示食品添加剂的通用名称。

该标准的制定和实施对于保障食品安全、维护消费者权益具有重要意义。规范预包装食品标签的标示内容可以使消费者更加清晰地了解食品的成分、生产日期、保质期等重要信息，从而做出更加明智的购买选择，同时有助于提高食品行业的整体水平和竞争力。

（二）《预包装食品营养标签通则》

《预包装食品营养标签通则》（GB 28050—2011）自2013年1月1日起正式实施。该标准由国家卫生健康委员会管理，旨在指导和规范预包装食品营养标签的标示，以保护消费者的知情权、选择权和监督权。该标准的主要内容涵盖了预包装食品营养标签的各方面，包括范围、术语和定义、基本要求、强制性内容、可选择性标示、营养成分表达方式和格式要求，以及免除强制标示营养标签的预包装食品范围等。

营养标签是预包装食品标签上向消费者提供食品营养信息和特性的说明，包括营养成分表、营养声称和营养成分功能声称。其中，营养成分表是一个标有食品营养成分名称、含量及其 NRV 百分比的规范性表格，NRV 是专用于食品营养标签，用于比较食品营养成分含量的参考值。

此外，通则还规定了一些具体的标示要求，例如，所有预包装食品营养标签必须强制标示的内容包括能量、蛋白质、脂肪、碳水化合物和钠的含量值及营养素参考值百分比。同时，对于使用了食品营养强化剂的预包装食品，在营养成分表中还应标示强化后食品中该营养素的含量值及其 NRV 百分比。

（三）《预包装特殊膳食用食品标签》

预包装特殊膳食用食品标签是指为满足特殊的身体或生理状况和（或）满足疾病、生理紊乱等状态下的特殊膳食需求，专门加工或配方的食品所贴的标签。这类食品的营养素和（或）其他营养成分的含量与可类比的普通食品有显著不同。

预包装特殊膳食用食品标签的标示内容应符合《预包装食品标签通则》中相应条款的要求。标签上应清晰地标示食品名称、配料表、生产日期、保质期等基本信息，同时应包括营养成分表，以方框表的形式标示能量、蛋白质、脂肪、碳水化合物和钠的含量值及其 NRV 百分比。

此外，预包装特殊膳食用食品标签不应涉及疾病预防、治疗功能，并应符合相应产品标准中标签、说明书的有关规定。对于 0~6 个月龄婴儿配方食品中的必需成分，不应进行含量声称和功能声称。

特殊膳食用食品主要包括婴幼儿配方食品（如婴儿配方食品、较大婴儿和幼儿配方食品、特殊医学用途婴儿配方食品）、婴幼儿辅助食品（如婴幼儿谷类辅助食品、婴幼儿罐装辅助食品）、特殊医学用途配方食品（特殊医学用途婴儿配方食品涉及的品种除外）以及其他特殊膳食用食品（如辅食营养补充品、运动营养食品等）。这些食品在标签上应明确标示其特殊膳食用途，以便消费者正确选择和使用。

（四）《鲜活农产品标签标识》

《鲜活农产品标签标识》（GB/T 32950—2016）主要适用于与居民生活息息相关的新鲜蔬菜、水果、水产品、禽畜及其肉类产品等。这些产品通过种植、养殖、捕捞、野生采集等方式获得，且未经深加工，未改变其物理化学形态和形状，保留了其自然特性。

四、食品储运相关标准

为保障食品安全、维护食品品质、规范行业行为、促进国际贸易，以保障消费者的健康权益，我国制定了《低温仓储作业规范》（GB/T 31078—2014）、《食品贮存卫生规范》、《食品标识管理规定》、《食品包装材料卫生要求》等食品储运相关标准。

对于某些特定类型的食品，如冷藏、冷冻食品，有专门的物流包装、标志、运输和储存标准，如《冷藏、冷冻食品物流包装、标志、运输和储存》（GB/T 24616—2019）。对于水产品、茶叶等特定类型的食品，也有专门的储存和运输标准，如《食品安全管理体系水产品加工企业要求》（GB/T 27304—2008）、《茶叶贮存》（GB/T 30375—2013）。

（一）低温仓储作业规范

1. 低温仓储作业规范概述

低温仓储作业规范是为了确保低温物品在仓储过程中的质量和安全，以及满足特定存储要求而制定的一系列规定和准则。

低温仓储作业规范适用于采用人工制冷方法使室内温度保持在25 ℃及以下的仓库，即低温仓库的仓储作业活动，特别适用于需要在低温环境下保持原有特性的物品，如食品、药品、化工产品等。

2. 低温仓储相关标准

低温仓储相关标准包括但不限于以下几项。

（1）《低温仓储作业规范》（GB/T 31078—2014）：该标准规定了低温仓储的入库作业、储存作业、出库作业、环境控制、安全控制及信息处理等方面的要求，适用于食品、药品等需要低温储存物品的仓储作业。

（2）《食品冷链物流温度控制要求》（GB/T 31080—2014）：该标准规定了食品冷链物流中温度控制的要求，包括温度的监测、记录、调控等方面，适用于食品在冷链物流过程中的温度控制。

（3）《药品冷链物流技术与管理规范》（GB/T 28842—2012）：该标准规定了药品冷链物流的技术和管理要求，包括药品的储存、运输、温度控制，设施设备和信息系统等方面的内容，适用于药品在冷链物流过程中的温度控制。

这些标准主要关注低温仓储的环境控制、温度管理、作业流程等方面，以确保储存物品的质量和安全。以上标准可能随着时间的推移而更新或修改，同时，不同国家和地区可能有不同的标准和要求，因此在具体的低温仓储过程中需要遵循当地的法规和规定。

（二）冷链物流企业运作

1. 冷链物流企业运作概述

冷链物流企业主要服务于需要保持在一定低温环境中的物品，如农产品、禽肉类、水产品、花卉、化工品、加工食品、冷冻或速冻食品、冰淇淋和蛋奶制品、快餐原料、酒品饮料等。

当前，冷链物流市场保持稳步快速增长，预计未来几年内年均增速将达到21%。同时，随着国际化和标准化的推进，冷链物流行业将面临更多机遇和挑战。冷链物流企业运作是一个高度依赖技术和管理支持的过程，需要在基础设施、技术水平、管理方式等方面不断创新和完善，以满足市场对高品质、高效率冷链物流服务的需求。总之，冷链物流企业运作规范是确保冷藏药品、食品等物品在储存、运输过程中质量和安全的重要保障。冷链物流企业应严格遵守相关规范和要求，加强设施设备和人员管理，提高信息化水平，不断提升冷链物流的服务质量和效率。

2. 冷链物流相关标准

冷链物流相关标准包括但不限于以下几项。

（1）《冷链物流分类与基本要求》（GB/T 28577—2021）：该标准规定了冷链物流的分类，以及设施设备、信息系统、温度控制、物品保护、质量管理、人员要求、安全管理、环境保护等方面的基本要求。

(2)《食品冷链物流交接规范》(GB/T 40956—2021):该标准涉及食品冷链物流中的交接环节,包括交接的流程、要求、责任等方面的内容。

(3)《药品冷链物流运作规范》(GB/T 28842—2021):该标准规定了冷藏药品物流过程中的收货、验收、储存、养护、发货、运输、温度监测和控制、设施设备、人员配备等方面的要求,适用于冷藏药品在生产与流通过程中的物流运作管理。

除此之外,还有其他一些与冷链物流相关的标准,如《食品冷链物流追溯管理要求》(GB/T 28843—2012)、《水产品冷链物流服务规范》(GB/T 31080—2014)、《冷链物流信息管理要求》(GB/T 36088—2018)等。这些标准可能涉及冷链物流的各环节,如追溯管理、温度控制、信息管理等方面的内容。

(三) 水产品冷链及航空运输

1. 水产品冷链及航空运输概述

水产品冷链及航空运输在各自的领域中扮演着重要角色,以确保水产品的新鲜度和品质。

(1) 水产品冷链是指在整个生产、加工、储存、物流、销售和运输的过程中,使水产品始终保持在一定温度和湿度条件下的技术。由于水产品属于易腐食品,需要在捕获后尽快进行冷藏和冷冻,以保持低温状态,避免细菌繁殖和腐败,所以水产品冷链对于延长水产品的保质期、保持其营养价值和安全性至关重要。

在水产品冷链中,温度控制是关键环节。根据不同的水产品种类和特性,需要选择与其相适应的储存和运输温度。同时,湿度控制也十分重要,适宜的湿度可以减少水产品的水分流失,保持其新鲜度。此外,包装也是水产品冷链中不可忽视的一环,需要选择合适的包装材料,以确保耐压、保温、防潮等特性,同时避免污染。

(2) 航空运输是水产品运输的一种高效、快速的方式。航空运输具有速度高、不受地面条件限制、空间跨度大等特点,能够使水产品能够在较短时间内到达目的地,保持其新鲜度和品质。在航空运输中,同样需要注意温度控制和包装,以确保水产品在整个运输过程中的品质和安全。

因此,水产品冷链及航空运输是水产品供应链中不可或缺的环节。优化水产品冷链和航空运输的管理和操作可以确保水产品的新鲜度和品质,满足消费者对高品质水产品的需求。

2. 水产品冷链及航空运输相关标准

水产品冷链及航空运输相关标准包括但不限于以下几项。

(1)《水产品冷链物流服务规范》(GB/T 31080—2014):该标准规定了水产品冷链物流服务的基本要求、接收地作业、运输、仓储作业、加工与配送、货物交接、包装与标志要求和服务质量的主要评价指标,适用于鲜、活、冷冻和超低温动物性水产品流通过程中的冷链物流服务。

(2)《水产品航空运输包装通用要求》(GB/T 26544—2011):该标准涉及水产品航空运输的包装要求。注意,此标准的编号(GB/T 26544—2011)说明它并非直接针对水产品航空运输的要求,而是针对通用的水产品包装要求。

其他相关标准还包括针对特定水产品(如鱼类、虾类、贝类等)的冷链及航空运输标准,这些标准更加具体和详细。

(四) 食用农产品储运

1. 食用农产品储运要点

食用农产品在储藏和运输过程中需要遵循一系列相关标准,以确保其品质和安全。

1) 温度和湿度控制

不同的农产品对温度和湿度的要求不同。例如,蔬果类农产品运输中宜将冷藏车厢体内温度预冷至5℃,车厢体内温度宜保持在0~12℃,以保持农产品的新鲜度和口感;冷冻肉类和冰蛋制品储存库内温度应低于或等于-18℃,以防止腐败和细菌滋生。

2) 通风和清洁

适当的通风可以排除农产品释放的二氧化碳和湿气,减少细菌的滋生,延长农产品的保鲜期。通风次数应根据储藏场所的具体情况而定,一般应保证每小时通风次数为2~4次。

3) 包装要求等

包装是农产品质量保障的关键环节之一。包装材料应符合食品安全标准,具有防潮、防虫和适应储藏环境变化的能力。包装的大小和形状应根据农产品种类和容量进行选择,在确保农产品完整性的同时,减少包装空间和重量的浪费。在包装过程中应注意包装密封性和防撞性,减少物理损害和外界污染的发生。总之,食用农产品储运需要遵循一系列严格的标准和规定,以确保其品质和安全。同时,相关的从业人员也需要接受专业培训,提高专业素养和技能水平。

2. 食用农产品储运相关标准

农产品储运相关标准包括但不限于《食用农产品保鲜贮藏管理规范》(GB/T 29372—2012)。该标准规定了食用农产品在保鲜贮藏过程中的管理要求,包括基本要求、保鲜贮藏设施、保鲜贮藏技术、保鲜贮藏操作、质量控制和安全管理等方面的内容。它适用于果蔬、肉类、水产品等食用农产品的保鲜仓储企业、餐饮配送企业等。

此外,还有其他食用农产品储运相关标准,如《粮油储藏技术规范》(GB/T 29890—2013)。它规定了粮油储藏的术语和定义、总体要求、仓储设施与设备的基本要求等,适用于粮食、油料的储藏。

(五) 畜禽肉储运

1. 畜禽肉储运要点

1) 储存环境

畜禽肉应储存在适当的温度、湿度和光照条件下。一般而言,生鲜畜禽肉应储藏于温度为0~4℃、相对湿度为75%~85%的冷藏柜(库)内。冷冻畜禽肉应储藏于温度在-18℃以下、相对湿度高于95%的冷冻柜(库)内。

2) 包装与封闭

畜禽肉在储运过程中应采用合适的包装材料,并确保包装完全封闭,以防止外界微生物污染及水分流失。

3) 储存时间与保质期

畜禽肉的储存时间和保质期应根据不同产品而定,但总体原则是遵循食品安全与产品质量保证的要求。在储存前,应进行清洗、消毒等预处理工作,确保产品的表面清洁。

4) 运输管理

在运输过程中,应严格控制温度,避免畜禽肉在运输途中受到污染或变质。运输车辆应配备温度监控设备,并定期对车辆进行清洁和消毒。总之,畜禽肉的运输过程需要遵循一系列的标准和规范,以确保其质量和安全。同时,相关企业和个人也应加强对畜禽肉运输过程的管理和监控,确保产品符合相关标准和要求。

2. 畜禽肉储运相关标准

畜禽肉储运相关标准包括但不限于以下几项。

(1)《肉与肉制品物流规范》(GB/T 21735—2008):该标准由国家质检总局和国家标准化管理委员会于 2008 年颁布,详细规定了肉与肉制品在物流过程中的品质要求、包装与标志、运输和储藏等技术要求,适用于畜禽肉的商业物流。

(2)《鲜、冻肉运输条件》(GB/T 20799—2006):该标准规定了鲜、冻肉在运输过程中的条件,包括运输车辆、温度控制、包装、装卸等方面的要求,以确保肉品在运输过程中的质量和安全。

(3)《畜禽肉品卫生检验试行规程》:该标准是关于畜禽肉品卫生检验的规程,虽然不直接涉及储运,但其中的卫生要求对于确保畜禽肉在储运过程中的安全至关重要。

以上标准可能随着时间的推移而更新或修改,因此需要查询最新的标准信息。同时,不同国家和地区可能有不同的标准和要求,因此在具体的畜禽肉储运过程中需要遵循当地的法规和规定。

任务实施

自选预包装食品样品,完成任务单,任务单如表 5-9 所示。

表 5-9 食品流通标准任务单

学生姓名:		班级:	日期:
任务分解	写出食品接触材料及制品相关标准的作用与适用范围		
	写出食品包装相关标准的作用与适用范围		
	写出食品标签相关标准的作用与适用范围		
	写出食品储运相关标准的作用与适用范围		

考核评价

食品流通标准考核评价表如表 5-10 所示。

表 5-10 食品流通标准考核评价表

学生姓名:		班级:		日期:
评价方式	考核项目	评价要求		评价分数
自我评价 (20分)	相关知识	了解食品流通标准,如《预包装食品营养标签通则》等		
	任务准备	1. 查阅相关标准 2. 解读相关标准 3. 利用相关标准进行适当的合规判断		
同伴互评 (20分)	参与度	1. 目标和分工 2. 任务完成效率	1. 高效完成分配任务 2. 及时总结和反馈	

续表

评价方式	考核项目		评价要求	评价分数
教师评价 （60分）	课前	通用能力	课前预习任务 / 能说出法规、标准的运用范围	
	课中	专业能力	完成任务 / 1. 会查阅相应国家标准 2. 能判断所给条例的地位和效力 3. 能根据所给公告写出其所属类别	
		职业素养	发现并解决问题的能力 / 能进行食品标签合规判断，能进行食品营养标签制作或合规判断	
	课后	知识拓展	信息化手段的应用 / 利用相关网络课程资源丰富知识体系	

🔵 思考练习

（1）食品接触材料及制品的符合性声明包括哪些内容？
（2）食品标签的基本要求有哪些？
（3）预包装食品标签必须标示的内容有哪些？
（4）预包装食品营养标签必须标示的核心营养素有哪些？
（5）如何保障畜禽肉在运输过程中的安全？
（6）食用农产品储运的卫生要求有哪些？
（7）哪些包装材料最适用于食用农产品储运？
（8）水产品冷链包括哪些关键环节？
（9）冷链物流企业的特点是什么？

🔵 知识拓展

食品接触材料及制品的采购验收

任务五　食品检验标准

🔵 知识储备

【知识讲解】

食品检验标准是确保食品安全、保障消费者健康的重要措施。它涵盖了食品从生产、

95

食品流通标准

加工、储存到销售的各环节，旨在通过科学、合理、公正的检验手段，对食品的质量、安全、营养等指标进行评价和监控。

食品检验标准主要包括以下内容：感官指标，包括食品的外观、色泽、气味、滋味等，通过感官评价来判断食品是否符合人们的食用习惯和预期；理化指标，主要包括食品的水分、灰分、酸度、过氧化值、脂肪、蛋白质、碳水化合物等营养成分的含量，以及农药残留、重金属污染等有害物质的限量标准；微生物指标，评价食品中细菌、霉菌、酵母菌等微生物的数量和种类，以及致病菌（如沙门氏菌、金黄色葡萄球菌等）的污染情况，确保食品的卫生安全；添加剂指标，对食品中使用的防腐剂、抗氧化剂、色素、香精等食品添加剂的种类、使用量和使用范围进行规定，防止滥用和超标使用；标签标识，要求食品包装上必须标明产品名称、配料表、生产日期、保质期、生产厂家等信息，以便消费者了解食品的成分和来源。

食品检验标准在食品生产与应用中不可或缺。①保障消费者的健康。通过食品检验标准，可以及时发现并处理不合格食品，防止食品安全事故的发生，保障消费者的健康。②促进食品产业发展。食品检验标准的制定和实施有助于规范食品生产企业的经营行为，提高食品产业的整体水平和竞争力。③维护市场秩序。通过食品检验标准的执行，可以打击假冒伪劣、非法添加等违法行为，维护市场秩序和公平竞争。

一、食品理化检验系列标准

GB 5009 系列标准是我国关于食品安全的一系列国家标准，涵盖了食品中各种物质的检测方法、限量要求以及相关的技术规定。这些标准在保障食品安全、维护公共健康方面发挥着重要作用。具体来说，GB 5009 系列标准包括多种食品安全相关的检测方法和指标，如食品中水分的测定、灰分的测定、维生素含量的测定、营养物质的测定、有害物质的限量要求等。这些检测方法和指标为食品生产和加工企业提供了明确的技术指导，也为食品安全监管提供了科学依据。

此外，GB 5009 系列标准还涉及一些特定食品的检测要求，如婴幼儿配方奶粉中维生素 A、D、E 含量的测定等。这些特殊食品的检测要求更加严格，以确保其符合特定的营养和安全性要求。

以下是 GB 5009 系列标准示例。

（1）《食品卫生检验方法 理化部分 总则》（GB/T 5009.1—2003），规定了食品卫生检验方法理化部分的检验基本原则和要求，适用于食品卫生检验方法理化部分。

（2）《食品安全国家标准 食品相对密度的测定》（GB 5009.2—2016），规定了液体试样相对密度的测定方法，适用于液体试样相对密度的测定。该标准于 2024 年 8 月 8 日废止，被《食品安全国家标准 食品相对密度的测定》（GB 5009.2—2024）代替。

（3）《食品安全国家标准 食品中水分的测定》（GB 5009.3—2016），规定了食品中水分的测定方法。该标准的第一种方法（直接干燥法）适用于在101~105℃下，蔬菜、谷物及其制品、水产品、豆制品、乳制品、肉制品、卤菜制品、粮食（水分含量低于18%）、油料（水分含量低于13%）、淀粉及茶叶类等食品中水分的测定，不适用于水分含量低于0.5 g/100 g的样品。该标准的第二种方法（减压干燥法）适用于高温易分解的样品及水分较多的样品（如糖、味精等食品）中水分的测定，不适用于添加了其他原料的糖果（如奶糖、软糖等食品）中水分的测定，也不适用于水分含量低于0.5 g/100 g的样品（糖和味精除外）。该标准的第三种方法（蒸馏法）适用于含水较多又有较多挥发性成分的水果、香辛料及调味品、肉与肉制品等食品中水分的测定，不适用于水分含量低于1 g/100 g的样品。该标准的第四种方法（卡尔·费休法）适用于食品中含微量水分的测定，不适用于含有氧化剂、还原剂、碱性氧化物、氢氧化物、碳酸盐、硼酸等食品中水分的测定。卡尔·费休法适用于水分含量高于$1.0×10^{-3}$ g/100 g的样品。

（4）《食品安全国家标准 食品中灰分的测定》（GB 5009.4—2016），规定了食品中灰分的测定方法（第一种方法）、食品中水溶性灰分和水不溶性灰分的测定方法（第二种方法）、食品中酸不溶性灰分的测定方法（第三种方法）。第一种方法中的淀粉类灰分的测定方法适用于灰分质量分数不大于2%的淀粉和变性淀粉。

（5）《食品安全国家标准 食品中蛋白质的测定》（GB 5009.5—2016），其第一种和第二种方法适用于各种食品中蛋白质的测定，第三种方法适用于蛋白质含量在10 g/100 g以上的粮食、豆类、奶粉、米粉、蛋白质粉等固体试样的测定。该标准不适用于添加无机含氮物质、有机非蛋白质含氮物质的食品的测定。

（6）《食品安全国家标准 食品中铝的测定》（GB 5009.182—2017），规定了食品中铝含量测定的分光光度法、电感耦合等离子体质谱法、电感耦合等离子体发射光谱法和石墨炉原子吸收光谱法。该标准的第一种方法适用于检测使用含铝食品添加剂的食品中铝的含量，第二种方法、第三种方法和第四种方法适用于检测食品中铝的含量。

（7）《食品安全国家标准 食品中维生素D的测定》（GB 5009.296—2023），规定了食品中维生素D的测定方法。正相色谱净化-反相液相色谱法适用于添加了麦角钙化醇或胆钙化醇的食品中维生素D_2和维生素D_3的测定。在线柱切换-反相液相色谱法适用于食品中维生素D_2和维生素D_3的测定。液相色谱-串联质谱法适用于食品中维生素D_2和维生素D_3的测定。

GB 5009系列标准非常广泛和庞大，涵盖了食品安全的多个方面，包括了许多具体的标准和规范，不同的标准和规范适用于不同的食品种类和检测项目。上述仅列举了一些常见的标准示例，如有更多需求，则需查阅相关官方网站或资料库以获取更详细的信息，在实际应用中需要根据具体情况进行选择和使用。

总之，食品理化检验是保障食品安全和质量的重要手段。通过食品理化检验可以了解食品的成分及其含量，评估其对人体健康的影响，并对食品安全和质量进行有效的监控和管理。这有助于保障消费者的健康和权益，促进食品工业的可持续发展。

二、食品微生物学检验系列标准

GB 4789系列标准是食品安全国家标准中关于食品微生物学检验的一系列标准。这些标准规定了食品微生物学检验的方法、技术要求以及微生物的限量值等，基于微生物的生理特性和生长规律，通过特定的培养基、培养条件和时间，对食品中的微生物进行分离、计数和鉴定，以确保食品的安全性和卫生质量，对预防食源性疾病具有重要意义。

具体来说，GB 4789 系列标准包括多种微生物的检验方法，如菌落总数、大肠菌群、霉菌和酵母菌、致病菌等。这些方法可以反映食品在生产、储存、运输、销售等各环节中的卫生状况和安全控制程度，从而为消费者提供安全、卫生的食品。

此外，GB 4789 系列标准还规定了实验室的基本要求、检验人员的资质和技能要求、实验设备和检验用品的质量要求等，以确保检验结果的准确性和可靠性；同时涉及质控菌株的保存、传代和使用要求，以确保实验室内质量控制的有效性。

具体来说，GB 4789 系列标准包括但不限于以下几项。

（1）《食品安全国家标准 食品微生物学检验 总则》（GB 4789.1—2016），规定了食品微生物学检验的基本原则和要求，适用于食品微生物学检验，为其他具体的食品微生物学检验标准提供了指导。

（2）《食品安全国家标准 食品微生物学检验 菌落总数测定》（GB 4789.2—2016），规定了食品中菌落总数的测定方法，适用于食品中菌落总数的测定，包括样品的采集、处理、培养和计数等步骤。

（3）《食品安全国家标准 食品微生物学检验 大肠菌群计数》（GB 4789.3—2016），规定了食品中大肠菌群计数的方法。该标准的第一种方法适用于大肠菌群含量较低的食品中大肠菌群的计数；该标准的第二种方法适用于大肠菌群含量较高的食品中大肠菌群的计数。大肠菌群是评价食品卫生质量的重要指标之一。

（4）《食品安全国家标准 食品微生物学检验 沙门氏菌检验》（GB 4789.4—2024），规定了食品中沙门氏菌的检验方法。沙门氏菌是一种常见的食源性致病菌。

（5）《食品安全国家标准 食品微生物学检验 金黄色葡萄球菌检验》（GB 4789.10—2016），规定了食品中金黄色葡萄球菌的检验方法。该标准的第一种方法适用于食品中金黄色葡萄球菌的定性检验；该标准的第二种方法适用于金黄色葡萄球菌含量较高的食品中金黄色葡萄球菌的计数；该标准的第三种方法适用于金黄色葡萄球菌含量较低的食品中金黄色葡萄球菌的计数。金黄色葡萄球菌是另一种常见的食源性致病菌。

此外，GB 4789 系列标准还包括其他关于特定微生物的检验方法，如霉菌和酵母计数（如 GB 4789.15）、单核细胞增生李斯特氏菌检验（如 GB 4789.30）等。

需要注意的是，具体的 GB 4789 系列标准可能随着时间的推移而更新或修订，因此在实际应用中需要参考最新的标准版本。

任务实施

自选预包装食品样品，完成任务单，任务单如表 5-11 所示。

表 5-11　食品检验标准任务单

学生姓名：		班级：	日期：
任务分解	写出食品检验标准的主要内容		
	写出该食品样品检验项目所需要的标准		
	写出该食品样品检验项目所涉及的检验方法所需要的标准		

考核评价

食品检验标准考核评价表如表 5-12 所示。

表 5-12 食品检验标准考核评价表

学生姓名：　　　　　　　　班级：　　　　　　　　日期：

评价方式	考核项目		评价要求		评价分数
自我评价 （20分）	相关知识			能说出食品检验的主要内容	
	任务准备			检索并下载食品检测所需要的相关标准	
同伴互评 （20分）	参与度		1. 目标和分工 2. 任务完成效率	1. 高效完成分配任务 2. 及时总结和反馈	
教师评价 （60分）	课前	通用能力	课前预习任务	能准确说出食品检验的主要项目	
	课中	专业能力	完成任务	1. 正确选择食品检验项目所需要的标准 2. 判断食品检验项目中可能出现的风险，并使用相关标准消除风险	
		职业素养	发现并解决问题的能力	判断食品检验项目中可能出现的风险，并使用相关标准消除风险	
	课后	知识拓展	信息化手段的应用	利用相关网络课程资源丰富知识体系	

思考练习

（1）食品检验标准主要包括哪些指标？
（2）食品检验标准有哪些作用？
（3）GB 4789 是什么标准？它规定了哪些内容？

知识拓展

常见的食品检测项目不合格原因和规避措施

任务六　食品产品标准

知识储备

【知识讲解】

食品流通标准

食品产品标准是以食品科学技术和生产实践经验的综合成果为基础，经有关方面协商一致所作的统一规定，由主管机构批准，以特定形式发布，并作为共同遵守的准则和依据。

2022年9月29日，农业农村部发布《农业农村部关于实施农产品"三品一标"四大行动的通知》（农质发〔2022〕8号），其中指出，发展绿色、有机、地理标志和达标合格农产品（以下简称农产品"三品一标"）是供给适配需求的必然要求，是提高农产品质量品质的有效途径，是提高农业竞争力的重要载体，是提升农安治理能力的创新举措。

一、绿色食品标准

（一）概念和标志

1. 概念

根据《绿色食品标志管理办法》第二条规定，绿色食品是指产自优良生态环境、按照绿色食品标准生产、实行全程质量控制并获得绿色食品标志使用权的安全、优质食用农产品及相关产品。

2. 绿色食品分类

绿色食品按加工程度分为初级产品、初加工产品、深加工产品；按产品类别分为农林产品及其加工品、畜禽类产品、水产类产品、饮品类产品和其他产品。

3. 绿色食品标志

为了指导绿色食品企业规范使用绿色食品标志，依据《绿色食品标志管理办法》《绿色食品包装通用准则》《绿色食品标志使用管理规范》，中国绿色食品发展中心在2021年对《中国绿色食品商标标志设计使用规范手册（摘要）》进行了修订。绿色食品标志使用人应当按照中国绿色食品发展中心制定的《中国绿色食品商标标志设计使用规范手册（2021版）》(简称《手册》)在获证产品包装上使用绿色食品标志。《手册》对绿色食品标志图形（简称绿标）、中英文字体、颜色等基本要素作了标准规定，绿色食品企业在其获证产品包装上使用时，可根据需要按比例进行缩放，但不得对要素间的尺寸做任何更改。

绿色食品标志由三个部分组成（图5-2），即上方的太阳、下方的叶片和中心的蓓蕾，象征自然生态；颜色为绿色，象征生命、农业、环保；图形为正圆形，象征保护。绿色食品标志描绘了明媚阳光照耀下的和谐生机，告诉人们绿色食品是出自优良生态环境的安全、优质食品，能给人们带来蓬勃的生命力，同时提醒人们保护环境，通过改善人与自然的关系，创造自然新和谐。

图5-2　绿色食品标志

绿色食品标志是经中国绿色食品发展中心在国家知识产权局商标局注册的质量证明商标，用于证明食品商品具有无污染的安全、优质、营养的品质特性。绿色食品标志包括标志图形、中文"绿色食品"、英文"Green food"及中英文与图形组合等10种形式（图5-3）。

图5-3　绿色食品标志组合

（二）标准体系

绿色食品标准以"从农田至餐桌"全程质量控制为核心，包括产地环境质量、生产技术标准、产品标准、包装与标签标准、储藏运输标准以及其他相关标准6个部分。

绿色食品标准主要包括以下4个方面。

1. *绿色食品产地环境标准*

该标准分别对绿色食品产地的空气质量、农田灌溉水质量、畜禽养殖用水质量、渔业水质量和土壤环境质量的各项指标、浓度限值作了明确规定。

2. *绿色食品生产技术标准*

该标准包括两部分：一部分是对生产过程中的投入品如农药、肥料、饮料和食品添剂等生产资料使用方面的规定，另一部分是针对具体种植养殖对象的生产技术规程。

3. 绿色食品产品标准

该标准对初级农产品和加工产品分别制定了相应的感官、理化和生物学要求，例如蔬菜标准。

4. 绿色食品标志使用、包装及储运标准

该标准为确保绿色食品在包装运输中不受污染而作了相应规定。

对于所要申报的企业，其产地环境、生产过程、产品质量、包装和运输等条件必须符合相应的绿色食品标准要求，并经过相应的机构检测，才能获得绿色食品标志使用权。这种完整的标准体系和认证过程真正体现了"全程质量控制"的理念。目前农业部颁布的绿色食品标准共计90项，其中通则类标准有10项，产品标准有80项。

二、有机产品标准

（一）概念和标志

1. 有机产品相关概念

（1）有机生产指根据《有机产品生产、加工、标识与管理体系要求》（GB/T 19630—2019），不使用化学合成的农药、化肥、生长调节剂、饲料添加物等物质，遵循自然规律和生态学原理，协调种植业和养殖业的平衡，保持生产体系持续稳定的一种农业生产方式。

（2）有机加工指主要使用有机配料，在加工过程中不采用基因工程获得的生物及其产物，尽可能减少使用化学合成的添加剂、加工助剂、染料等投入品，最大程度地保持产品的营养成分和（或）原有属性的一种加工方式。

（3）有机产品指生产、加工、销售过程符合GB/T 19630—2019的规定，经独立且有资质的有机产品认证机构认证，获得有机产品认证证书，并添加中国有机产品认证标志的供人类消费、动物食用的产品。有机产品必须同时具备以下条件：原料必须来自已经建立或正在建立的有机农业生产体系，或采用有机方式采集的野生天然产品；产品在整个生产过程中必须严格遵循有机产品的加工、包装、储藏、运输等要求；生产者在有机产品的生产和流通过程中，有完善的跟踪审查体系和完整的生产、销售档案记录；必须通过独立的有机产品认证机构认证审查。

（4）有机产品认证指认证机构依照《有机产品认证管理办法》的规定，按照《有机产品认证实施规则》，对相关产品的生产、加工和销售活动是否符合有机产品国家标准进行的评定活动。在我国境内销售的有机产品均需经国家市场监督管理总局批准的认证机构认证。

（5）由常规生产向有机生产发展需要经过转换，经过转换期后的产品才可作为有机产品销售。在转换期内应按照GB/T 19630—2019的要求进行管理。不是所有产品都需要转换期，例如，芽苗菜生产、野生采集等可以免除转换期。

2. 有机产品认证标志

有机产品认证标志标有中文"中国有机产品"字样和英文"ORGANIC"字样（图5-4）。有机产品认证标志应当在认证证书限定的产品类别、范围和数量内使用。

图 5-4　有机产品认证标志

（二）标准体系

有机产品是指在生产和加工过程中，不使用化学合成农药、化肥、生长激素、转基因技术等化学物质和技术，且符合有机农业生产标准的产品。有机产品标准是保障有机产品质量和安全的重要依据，对有机产品的生产、加工、储存、运输和销售等环节进行了明确规定，以确保有机产品的质量和安全性。

1. 生产标准

有机产品的生产标准主要包括土壤和水质标准、种子和种苗的来源标准、施肥标准、病虫害防治标准等。有机产品的生产过程必须严格遵守这些标准，确保生产环节不受污染，保证有机产品的质量和安全性。

2. 加工标准

有机产品的加工标准严格，包括加工设施、加工工艺、原料选择、添加剂使用等方面的规定。在加工过程中禁止使用化学合成的添加剂和防腐剂，以确保有机产品的纯天然和健康。

3. 质量标准

有机产品的质量标准主要包括外观、口感、营养成分等方面的指标。有机产品在质量上的要求高于普通产品，应保证有机产品的口感和营养价值符合消费者的需求和期望。

4. 认证标准

有机产品的认证标准是对有机产品进行认证的依据，认证标准严格规定了有机产品的生产、加工、质量等方面的要求，通过认证机构的审核认证，才能获得有机产品的认证资格。

三、保健食品标准

（一）概念和标志

1. 概念

依据《食品安全国家标准 保健食品》（GB 16740—2014）的规定，保健食品是声称并具有特定保健功能或者以补充维生素、矿物质为目的的食品，即适用于特定人群食用，具有调节机体功能，不以治疗疾病为目的，并且对人体不产生任何急性、亚急性或慢性危害的食品。

2. 标志

为指导保健食品生产经营者进一步规范标注保健食品标志（图5-5），正确引导消费，营造更加公平有序的市场秩序，根据《食品安全法》及相关法规文件的规定，国家市场监督管理总局制定了《保健食品标志规范标注指南》，其主要规定如下。

（1）保健食品标志为依法经注册和备案的保健食品的专有标志，保健食品最小销售包装应当规范标注保健食品标志。

（2）保健食品标志应当规范标注在主要展示版面的左上方，清晰易识别。

（3）保健食品最小销售包装主要展示版面表面积大于100cm^2时，保健食品标志最宽处的宽度不小于2cm；主要展示版面表面积小于或等于100cm^2时，保健食品标志最宽处的宽度不小于1cm。

（4）保健食品标志整体比例为8.2∶12（高∶宽），帽形图案高度为6.6比例尺，帽形图案宽度为12比例尺，中间球形直径为3.8比例尺。

（5）"保健食品"4字宽度为8.2比例尺，每字样高度及宽度（比例尺）如下："保"高1.8、宽1.9；"健"高1.8、宽1.9；"食"高1.8、宽1.9；"品"高1.7、宽1.85。

（6）保健食品标志印刷标准色CMYK色值为（C100，M0，Y0，K0），屏幕标准色RGB色值为（R0，G160，B233）。

（7）保健食品生产经营者可以在生产经营场所、专区专柜等位置使用保健食品标志。保健食品标志可根据实际需要等比例变化，图案、颜色应与《保健食品标志规范标注指南》保持一致。

（8）保健食品注册证书或备案凭证持有人、保健食品生产经营者应当切实落实食品安全主体责任，规范标注保健食品标志。

图5-5 保健食品标志

(二) 标准体系

保健食品标准体系是监督与控制保健食品质量的技术依据，也是保健食品检验必须遵循的法定技术宝典。这一体系旨在确保保健食品的安全、有效和合规，保护消费者的健康权益。

保健食品标准体系涵盖了多个方面，包括保健食品的定义、分类、基本原则、技术要求、试验方法和标签要求等。

在保健食品标准体系中，技术要求和试验方法是非常重要的组成部分。它们基于科学、技术和实践经验的综合成果，确保保健食品在原料、生产、检验等各环节都符合相应的标准和要求。同时，标签要求也是保健食品标准体系中的重要内容，要求保健食品的标签必须真实、准确、清晰地标注保健食品的相关信息，如功效、成分、适宜人群、食用方法等，以便消费者了解保健食品的具体情况。

任务实施

根据以上知识点完成所给任务单,任务单如表5-13所示。

表5-13 食品产品标准学习任务单

学生姓名:　　　　　　班级:　　　　　　日期:

任务分解	通过绿色食品、有机产品、保健食品标志进行产品判断	
	查阅绿色食品、有机产品、保健食品概念出处的国家标准	
	写出绿色食品、有机产品、保健食品的区别	

考核评价

食品产品标准考核评价表如表5-14所示。

表5-14 食品产品标准考核评价表

学生姓名:　　　　　　班级:　　　　　　日期:

评价方式	考核项目		评价要求		评价分数
自我评价(20分)	相关知识		了解绿色食品、有机产品、保健食品的概念		
	任务准备		熟悉绿色食品、有机产品、保健食品的国家标准要求		
同伴互评(20分)	参与度		1. 目标和分工 2. 任务完成效率	1. 高效完成分配任务 2. 及时总结和反馈	
教师评价(60分)	课前	通用能力	课前预习任务	能说出法、法律、法规的不同	
	课中	专业能力	完成任务	1. 会查阅相应国家标准 2. 能判断所给条例的地位和效力 3. 能根据所给公告写出其所属类别	
	课后	职业素养	发现并解决问题的能力	能辨别绿色食品、有机产品、保健食品	
		知识拓展	信息化手段的应用	利用相关网络课程资源丰富知识体系	

思考练习

(1) 绿色食品标志使用人员应当按照中国绿色食品发展中心制定的什么标准进行申报?
(2) 有机产品认证涉及的主要标准和法规有哪些?
(3) 保健食品应满足哪些要求?

知识拓展

农产品地理标志

项目六 国际食品法律法规与标准概述

学习目标

知识目标

(1) 了解 CAC、国际标准化组织（International Organization for Standardization，IOS）、国际有机农业联盟（International Federal of Organic Agriculture Movement，IFOAM）、联合国粮农组织（Food and Agriculture Organization of the United Nations，FAO）等国际组织的构成和目的；

(2) 了解美国、欧盟和日本的食品法律法规和标准。

技能目标

(1) 理解国际食品标准化机构的作用；

(2) 理解各国在食品安全方面的法律制度和政策措施。

素质目标

(1) 树立正确的法律价值观，增强法律责任感和使命感；

(2) 提高法律意识和法律素养；

(3) 具备从事国际食品贸易的职业素质。

项目导入

随着经济全球化的发展，现代食品的生产、加工、流通和消费已经跨越了国家和地区的界限，食品贸易成为国际贸易的重要组成部分。由于食品与人类健康及生态安全具有密切联系，所以各国或地区普遍重视食品贸易中可能存在的危及人类健康及环境发展的不安全因素，并通过制定各种技术标准和检验检疫措施对食品安全加以保障。1950 年第一届 FAO 织/世界卫生组织（World Health Organization，WHO）营养专家联合委员会指出：不同国家的食品法规常常是不一致或相互矛盾的。决定食品保存、术语命名和食品标准的法规经常由于国家的不同而存在普遍的差异，时常会出台并非建立在科学知识之上的新法规，在制定规定的过程中很少考虑到营养学的基本原则。因此，世界各国为了对国际贸易范围内的食品安全进行有效控制，并努力消除食品安全问题对国际贸易的不利影响，成立了多个国际食品标准化机构，先后制定了一系列与食品安全相关的法规和标准。各国也制定了一系列关于食品安全的法律法规。

任务一　国际食品标准化机构

知识储备

【知识讲解】

国际食品标准化机构

一、CAC

(一) CAC 简介

CAC 于 1963 年建立，专门负责协调政府间的食品标准，建立一套完整的食品国际标准体系，是以保护消费者健康和确保食品贸易公平为宗旨的政府间组织。

第二次世界大战后，旨在协调国家食品标准的区域性工作就已经开始。在拉丁美洲，阿根廷的卡洛斯·格劳一直在推广拉美食品法典的理念。在国际农业委员会和国际分析化学局的共同赞助下，奥地利人汉斯·佛伦泽尔于 1958 年 6 月创建了欧洲食品法典委员会。1960 年 8 月，该委员会向 WHO 提出建议：该委员会应与其结成伙伴关系，WHO 将这一问题转交给 FAO，就如何达成接管工作的协议纲要进行讨论。1962 年，FAO/WHO 食品标准联合大会在日内瓦召开，确立了两个组织合作的框架。1963 年，世界卫生大会批准了 FAO/WHO 的联合食品标准计划，CAC 为牵头机构，自此，CAC 正式成立。

截至 2024 年 5 月，CAC 已有 189 个成员［包括 188 个成员国和 1 个成员国组织（欧盟）］、240 个法典观察员（包括 60 个国际政府间组织、164 个非政府组织和 16 个联合国机构）。CAC 对 FAO 及 WHO 的所有成员国及准成员开放，接纳其为成员。对非 CAC 成员，如果其对 CAC 的工作特别关注，也可以受邀参加会议。CAC 的标准是建立在可利用的最好科学技术之上的，得到独立的国际风险估计机构或由 FAO 和 WHO 设立的专门咨询机构的协助。

CAC 作为政府间组织，其宗旨是保护消费者健康和确保食品贸易公平，通过制定推荐的食品标准及食品加工规范，协调各国的食品标准立法并指导其建立食品安全体系。质量控制是 CAC 工作的核心内容，CAC 已经通过了应用 HACCP 体系的指南，确定了以 HACCP 为指导、不依赖最终产品检测的危害评估、以预防为主的管理体系。CAC 还非常强调 HACCP 与良好操作规范（good manufacturing practice，GMP）的使用。

CAC 不仅引导国际食品安全保障体系健康发展，还促进了国际及各国政府对食品安全达成共识。一方面，CAC 通过倡导"科学、营养、健康、优质、安全"的饮食观念，推行"从农田至餐桌融合一体"的概念等，使广大消费者和政府提高了对食品质量与安全问

题的认识,同时使消费者充分了解选择合适的食品对健康的重要性。另一方面,CAC 构建了系统的食品风险分析原理的基本理论框架,为制定食品安全标准提供了认识论和方法论的基础。目前,CAC 对食品生产者、加工者的观念以及消费者的意识已产生了巨大影响,并对保护公众健康和维护公平的食品贸易做出了不可估量的贡献。

1. CAC 的具体职能

(1) 保护消费者健康和确保公平的食品贸易。

(2) 促进国际政府和非政府组织所承担的所有食品标准工作协调一致。

(3) 通过或借助适当的组织确定优先重点以及发起或指导草案标准的制定工作。

(4) 批准由(3)条已制定的标准,并与其他机构((2)条)已批准的国际标准一起,在由成员国政府接受后,作为世界或区域标准予以发布。

(5) 根据制定情况,在适当审查后修订已发布的标准。

中华人民共和国于 1984 年正式成为 CAC 成员国,于 1986 年成立了中国食品法典委员会,秘书处设在卫生部,负责食品法典国内协调工作,联络点设在农业部,负责与 CAC 相关的联络工作。2012 年,国家食品安全风险评估中心成立,取代了卫生部成为中国食品法典委员会秘书处,负责中国食品法典国内协调。秘书处的工作职责主要包括:组织参与 CAC 及下属分委员会开展的各项食品法典活动、组织审议国际食品法典标准草案及其他会议议题、承办委员会工作会议、进行食品法典的信息交流等。

自我国加入 CAC 后,参与会议及其他相关的活动主要经历了三个阶段。第一阶段为加入 CAC 初期(1984—1988 年),主要了解 CAC 组织情况,参加会议并研究 CAC 提出的有关问题,提交我国关于法典草案的审议意见;第二阶段为一般性的参与阶段(1989—1998 年),主要了解并参与标准的制定,召开了 HACCP、危险性等级分析和转基因生物等各类研讨会,并通过国内协调小组开展与 CAC 的联系、协调工作;第三阶段为积极参与阶段(1999 年至今),我国 CAC 协调小组和成员单位纷纷在各自领域内加强了食品法典工作,加强了与 FAO、WHO 及其成员国的联系。

2. 食品法典主要内容

食品法典是为了在国际食品和农产品贸易中给消费者提供更高水平的保护,并促进更公平的交易活动而制定的一系列食品标准和相关的规定。食品法典包括法典规范形式的咨询性规定、指南和其他有助于实现食品法典宗旨的推荐性措施等指导性条款。

食品法典以统一的形式提出并汇集了国际上已采用的全部食品标准,包括所有向消费者销售的加工、半加工食品或食品原料的标准。有关食品卫生、食品添加剂、农药残留、污染物、标签及说明、采样与分析方法等方面的通用条款及准则也列在其中。另外,食品法典还包括食品加工的卫生规范和其他推荐性措施等指导性条款。

食品法典标准及相关文本对食品的各种要求是为了保证消费者获得完全、健康、不掺假和正确标识的食品。所有食品法典标准都应根据食品法典商品标准格式制定,并酌情包含其所列内容。

食品法典汇集了各项相关标准、各成员国或国际组织采纳的意见以及其他各项通知等,但食品法典绝不能代替国家法规。一个国家可根据其实际情况以"全部采纳""部分采纳"和"自由销售"等几种方式采纳食品法典标准。各国应采用互相比较的方式总结食品法典标准与国内有关法规的实质性差异,积极地采纳食品法典标准。

(二) 食品法典的构成

食品法典的构成如表 6-1 所示。

表 6-1 食品法典的构成

第 1A 卷	一般要求
第 1B 卷	食品卫生的要求
第 2A 卷	食品中农药残留的分析和采样方法
第 2B 卷	食品中农药最大残留量的限量标准
第 3 卷	食品中兽药残留
第 4 卷	特殊营养食品（包括婴幼儿食品）
第 5A 卷	加工和速冻水果和蔬菜
第 5B 卷	新鲜水果和蔬菜
第 6 卷	果汁及相关产品
第 7 卷	谷物、豆类及其制品以及植物蛋白
第 8 卷	油脂及其制品
第 9 卷	鱼及鱼制品
第 10 卷	肉及肉制品，包括浓汤和清汤
第 11 卷	糖、可可制品、巧克力及其制品
第 12 卷	乳及乳制品
第 13 卷	推荐的分析方法

二、ISO

(一) ISO 简介

ISO 是世界上最大的非政府性标准化机构，也是全球最大的国际标准制定和发行机构。其官方语言是英语、法语和俄语。ISO 一词来源于希腊语"ISOS"，其意为"平等"。ISO 的前身是国家标准化协会国际联合会（International Federation of the National Standardizing Associations，ISA）和联合国标准协调委员会（United Nations Standards Coordinating Committee，UNSCC）。1946 年，25 个国家标准化机构的代表齐聚伦敦，参加了国际标准化未来发展趋势研讨会，决定成立新的国际标准化机构，并将机构定名为 ISO。大会上还确定了以瑞士日内瓦作为 ISO 的总部，起草了 ISO 的第一个章程和议事规则，并认可通过了该章程草案。

ISO 的组织机构包括全体大会、理事会、中央秘书处、技术管理局（委员会）、政策发展委员会、常务委员会等。全体大会是 ISO 的最高权力机构，每年 9 月召开一次会议。列席会议的有各成员国代表和 ISO 的高级官员，商讨年度报告中涉及的项目活动情况、ISO 战略计划和财政情况等。理事会是 ISO 常务领导机构，负责 ISO 的日常运行，决定中央秘书处每年的预算。理事会下设政策委员会、常务委员会、技术管理局、特别咨询组以及其他若干专门委员会。中央秘书处负责 ISO 日常行政事务，包括 ISO 技术工作的计划、协调，对各技术组织的工作进行指导，编辑出版 ISO 标准文件及各种出版物，并代表 ISO 与其他国际机构和组织联系。

自 ISO 成立之后，其内部建设和标准制定迅速发展。1951 年，ISO 出版了第一个标准《工业长度测量用标准参考温度》（ISO/R1：1951）。在此之后的 60 多年里，ISO 先后制定了 2 万多项标准，涉及人类生产生活的各环节。1960 年，ISO 对国际单位制进行标准化，至此世界各国在工业工程上使用的物理量单位得到了统一和规范。

随着标准化进程的加速发展，国际标准化成为推动国际交流和合作的重要手段。1987 年，ISO 颁布了第一个质量管理标准 ISO 9000。此后，ISO 又相继颁布了 ISO 14000、ISO 22000 和 ISO 26000 等标准，这促使 ISO 在质量管理、环境管理、食品安全和社会责任等方面规范企业行为发挥着重要作用。

ISO 是一个由国家标准化机构组成的世界范围的非政府性的联合会，根据其章程的规定，成员分为正式成员、通讯成员和注册成员，截至 2024 年 5 月 ISO 已拥有 171 个成员。正式成员可以参加 ISO 技术和政策会议并投票，影响 ISO 标准的制定和战略；通讯成员以观察员身份参加 ISO 技术和政策会议，观察 ISO 标准和战略的发展；注册成员能够及时了解 ISO 的最新工作，但不能参与其中。

ISO 的宗旨是促进世界范围内标准化工作的开展，以利于国际物资交流和互助，并扩大科学、技术文化和经济方面的工作。ISO 的主要任务是制订、发表和推广国际标准，协调世界范围内的标准化工作，组织各成员国和技术委员会进行信息交流，与其他国际性组织合作研究有关标准化的问题。ISO 的宗旨强调了其致力于推动全球范围内的标准化工作，通过制订国际标准，ISO 为各国之间的贸易、科技交流和合作提供了便利，有助于推动全球经济的繁荣和发展。ISO 的宗旨也强调了其在知识、科学、技术和经济方面的作用，通过制定和更新标准，ISO 促进了新技术和新产品的研发和应用，推动了科技进步和产业升级。

我国是 ISO 的 25 个创始成员国之一，也是最初的 5 个常任理事国之一。1978 年 9 月，我国重新以中国标准化协会的名义加入 ISO。在我国参与 ISO 工作的历程中，历代标准化工作者甘于奉献、锐意进取、开拓创新、追求卓越，推动我国国际标准化工作从无到有，取得长足发展。1981 年，我国主导制定第一项国际标准《粉末冶金测氧方法标准》（ISO 4493：1981）。1982 年，我国当选 ISO 理事会成员。1987 年，我国承担了国际标准化技术机构秘书处——航空和航天的电气要求（ISO/TC 20/SC 1）。1991 年，我国第一次提出组建的微束探针—电子探针（ISO/TC 202）技术机构获批成立（后更改为微束分析技术委员会）。2008 年 9 月，我国成为 ISO 常任理事国。2013 年 9 月，我国成为 ISO 技术管理局的常任成员，同时我国提名的中国标准化专家委员会委员、时任鞍钢集团总经理的张晓刚当选 ISO 主席，任期从 2015 年至 2017 年，这是我国专家首次担任 ISO 主席。

由于各国国情的差异，我国采用国际标准也有自身的原则，主要有以下 4 项原则。

（1）紧密结合我国国情，有利于促进生产力发展。

（2）有利于完善我国标准体系，促进我国标准水平不断提高，努力达到和超过世界先进水平。

（3）合理安排采用国际标准的顺序，注意国际的通行需要，还要考虑综合标准化的要求。

(4) 采用国外先进标准要根据其内容区别对待。

(二) 与食品相关的 ISO 标准

ISO 标准自从颁布以来，在全世界一百多个国家、地区或集团和无数企业中推行，成了许多国家的标准和许多行业的标准。与食品行业密切相关的 ISO 标准有 ISO 9000、ISO 14000、ISO 22000，这三者分别在食品生产的质量、环境、安全方面为食品生产过程提供了合理的指导。

1. ISO 9000

ISO 于 1987 年 3 月发布了 ISO 9000 质量管理和质量保证标准体系。ISO 9000 即产品质量认证，是商品经济发展的产物。随着商品经济的不断扩大和日益国际化，为提高产品信誉，减少重复检验，削弱和消除贸易技术壁垒，维护生产者、经销者、用户和消费者各方权益做出了巨大贡献。ISO 9000 的出现产生了第三方认证，这种认证不受产销双方经济利益支配，以公正、科学的工作逐步树立了权威和信誉，现已成为各国对产品和企业进行质量评价和监督的通行做法。ISO 9000 系列质量体系被世界上大多数国家广泛采用，既包括发达国家，也包括发展中国家，这使市场竞争更加激烈，产品和服务质量日益提高。事实证明，有效的质量管理是在激烈的市场竞争中取胜的手段之一。

ISO 9000 不是指一个标准，而是一族标准的统称。其制定的目的在于指导各类企业采用正确的质量管理手段，以满足在全球范围内顾客对产品质量的要求。其主要功能包括：组织内部的质量管理；用于第二方评价、认定或注册；用于第三方质量管理体系认证或注册；为规范管理引用，作为强制性要求；用作建立行业的质量管理体系要求的基础；提高产品的竞争力。ISO 9000 从机构、程序、过程、改进 4 个方面来保障产品或服务等方面的质量。ISO 9000 的基本理念是 8 项质量管理原则，其包括以下方面。

(1) 以顾客为关注焦点。组织是依赖顾客而生存的，只有了解顾客的需求，才有可能满足顾客的期望，甚至超越顾客的期望。

(2) 领导作用。一个组织只有自身的宗旨、方向和内部环境统一，带动员工充分参与实现组织目标，才能保证整体的一致性和协调性。领导者带动和统一着组织的宗旨和方向，决定和控制着组织发展的前程，对组织能否在激烈的市场竞争中处于领先地位起到至关重要的作用。因此，在活动的过程中，应注重领导者的领导作用。

(3) 全员积极参与。组织的质量管理是由组织内部各类人员共同参与完成的，因此人员在质量管理的过程中处于主导地位，只有全员充分参与，才能使他们的才干为组织带来巨大的收益。例如，在食品生产过程中，只有每个员工都严格遵守个人卫生制度，才能尽可能地保障食品的安全。

(4) 过程方法。

将每项活动都作为一个过程来管理，在确保了每个过程的质量后，再进行整体的控制，这样可以更高效地达到期许的结果。将活动作为相互关联、功能连贯的过程组成的体系来理解和管理时，可更加有效和高效地得到一致的、可预知的结果。理解体系如何产生结果，能够使组织尽可能地完善其体系并提升其绩效。

①管理的系统方法。

管理的系统和过程是密切相关的，因此针对设定的目标识别、理解并管理一个由相互关联过程组成的体系，有助于提高组织的有效性和效率。

②持续改进。

对于一个企业，其产品和服务没有最好，只有更好。只有组织持续改进、积极寻找改进的契机，才有可能更好地满足顾客的需求，使顾客满意。顾客的需求也会不断变化，因此持续改进整体业绩是一个组织永恒的目标。

③基于事实的决策方法——循证决策。

决策的制订需要建立在调查、研究和分析的基础上，只有建立在事实数据和信息基础上制定的目标才是最合适的目标。针对合适的目标再从实际考虑，得到的方案才是合理的解决方案。因此，对数据和信息的逻辑分析或直觉判断是有效决策的基础。

④与供方互利的关系管理。

为了持续成功，组织需要管理与相关方（如供方）的关系。组织在产品实现过程中，需要从供方采购一定数量的产品，购买的产品的质量对组织最终的产品质量一定存在一定的影响。

2. ISO 14000

ISO 14000 是顺应国际环境保护的发展，依据国际经济贸易发展的需要而制定的。该标准融合了世界上许多发达国家在环境管理方面的经验，是一种完整的、操作性很强的体系标准，包括为制定、实施、实现、评审和保持环境方针所需的组织结构、策划活动、职责、惯例、程序、过程和资源。该标准制定的宗旨是支持环境保护工作，改善并维护生态环境质量，减少人类各项活动所造成的环境污染，使之与社会经济发展达到平衡，促使可持续发展。ISO 14000 的特点如下：自愿原则，广泛的适用性、灵活性、兼容性，全过程预防，持续改进原则。

ISO 14000 有两种功能：评价组织和评价产品。评价组织的体系有环境管理体系、环境行为评价和环境审核；评价产品的体系有生命周期评价、环境标志和产品标准中的环境因素。具体功能如下：评估组织的行为对环境造成的影响及对负面影响的调控；帮助组织制订环境方针，指导组织进行环境管理；确定适用于组织的环境法律法规要求；协调环境与社会、经济需求的关系；规定对环境管理体系的要求；提高产品的竞争力。与 ISO 9000 相比，ISO 14000 在管理体系方面提出的新的要求主要有以下方面。

（1）目标管理。明确提出建立文件化的目标和指标，并使其与方针相符合，与组织内部的每个职能联系。这就意味着方针、目标、职责必须融为一体，通过指标的层层分解，落实到组织内的每个人和每项工作。

（2）全面管理。ISO 14000 要求建立的质量体系覆盖组织的所有部门、人员、过程和活动，而 ISO 9000 要求建立的质量体系则只涉及与指定体系范围内产品有关的过程和对质量体系绩效有影响的人员。

（3）信息沟通。ISO 14000 要求建立和实施对有关信息和相关方要求的接收、归档与答复的程序，包括与相关方的对话、联络，以及对他们所关注的问题的考虑。

（4）持续改进。ISO 14000 对管理体系的持续改进提出了严格的要求，ISO 9000 提出了持续改进的思想和方法，但没有要求对持续改进做出承诺。

（5）法规要求。ISO 14000 在多方面体现了管理体系必须符合当地法规的要求，特别在环境方针上要承诺遵守有关环境法规，在环境策划时要充分考虑法规的要求，要制定专门的法规遵守及评定程序过程等。ISO 9000只在产品设计方面指出法规要求，是设计输入的一部分，环境管理体系对法规的高度重视，体现了环境法规在环境管理方面的重要作用，同时也表示任何组织建立管理体系必须充分考虑国家或地方性法规的要求。

3. ISO 22000

随着贸易的国际化和全球化发展，基于HACCP原理开发一个国际标准成为各国食品行业的强烈需求。ISO于2005年9月1日发布了由ISO/TC34/农产食品技术委员会分技术委员会制定的《食品安全管理体系对整个食品供应链的要求》（ISO 22000：2005）系列标准，ISO 22000应运而生。其是在HACCP、GMP和SSOP（卫生标准操作程序）的基础上，同时聚合了ISO 9001：2000的部分要求形成的，旨在确保全球的食品供应安全。

ISO 22000是适用于整个食品供应链的食品安全管理体系框架，它将食品安全管理体系从侧重对HACCP、GMP、SSOP等技术方面的要求，扩展到整个食品供应链，并且作为一个体系对食品安全进行管理，提高了运用的灵活性。ISO 22000的基本内容如下。

1）适用范围

该标准覆盖了食品链中包括餐饮的全过程，即种植、养殖、初级加工、生产制造、分销，一直到消费者使用，同时包括与食品链中主营生产经营组织相关的其他组织，如生产设备制造商，包装材料商，食品添加剂和辅料生产商，杀虫剂、肥料和兽药的生产者等。

2）关键原则

该标准规定了食品安全管理体系的要求以及包含的关键原则为交互式沟通、体系管理、过程控制、HACCP原理和前提方案。

3）核心内容

该标准的核心内容是危害分析，要求在对食品链中可能引入危害的食品安全因素进行分析控制的同时，灵活、全面地与实施的前提方案结合。在明确食品链中各环节组织的地位和作用的前提下，将危害分析所识别的食品安全危害根据可能产生的后果进行分类，通过包含于HACCP计划和操作性前提方案中的控制措施组合来控制。

4）应用方法

组织在采用该标准时，可以通过将该标准制订为审核准则来促进该标准的实施。各组织也可以自由地选择必要的方式和方法来满足该标准的要求。

5）对于小型或较落后组织的应用

由于该标准重点关注的是食品加工工艺、卫生、原料、仓储、运输、销售等方面，各组织建立和实施该标准需要非常专业的知识，故小型或较落后的组织需要借助外界的力量来完成。

三、IFOAM

（一）IFOAM简介

IFOAM是一个非营利的世界性组织，在1972年成立于法国，该组织在瑞士注册，但行政总部设在德国。该组织拥有来自约120个国家和地区的800多名成员。IFOAM是一个由成员组织组成的民主联合会，致力于为全球农业带来真正的可持续性发展。每个成员组织都具有投票权。另外，该组织有很多个人会员，但没有投票权。

截至2024年，IFOAM设有7个区域机构和3个国家办公室。7个区域机构包括亚洲（Asia）、欧洲（Europe）、欧亚（Euro-Asia）、地中海（Mediterranean）、北美洲（North America）、南美洲（South America）和南部非洲（Southern Africa）机构。3个国际办公室包括法国、日本和伊朗办公室。这些分支机构的建立旨在反映各自的国际组织地理结构和国际组织的利益。所有区域机构都致力于团结和领导有机运动的全面多样性，以便在全世界实现积极、可持续的变革。

IFOAM的业务范围涵盖了农村发展、公共关系、授权认证、认证协调、社团支持、公平贸易、协助第三世界发展、环境事业、教育、培训和能力建设等方面，为世界有机农业发展提供了重要标准，并协调各成员之间的关系。

（二）IFOAM基本标准的主要内容

IFOAM基本标准是指导和规范全球有机农业运动的基本原则和指南。IFOAM基本标准本身不能作为认证标准，它为认证机构及世界范围内的标准组织制定其认证标准提供了一个框架。IFOAM基本标准在2000年9月经IFOAM的巴西例行会议通过。

IFOAM旨在通过发展有机农业保护自然和环境，它联合各成员致力于发展集生态、社会和经济为一体的合理的、可持续发展的农业体系，在全世界促进优质食品的生产，同时保护土壤、增加土壤肥力，并尽量减少环境污染及自然资源的消耗。

IFOAM的使命是全方位地领导、组织和帮助有机运动。IFOAM的目标是使全世界都采用建立在有机农业原则基础上的良好生态、社会和经济的体系。IFOAM通过领导全球的有机运动来实现包括其所代表的从农民组织到各国有机认证机构在内的广大支持者的愿望，确保有机农业这样一种保障生态、社会和经济持续发展的措施的可靠性和长效性。

IFOAM通过广泛征求所有相关方的意见，制定了发展有机农业需要遵循的四大基本原则，这些原则是有机农业得以发展的根基，为项目的设立和标准的制定提供了指南。这四大基本原则如下：健康原则（principle of health），即有机农业应将土壤、植物、动物、人类和整个地球的健康作为一个不可分割的整体而加以维持和加强；生态原则（principle of ecology），即有机农业应以有生命的生态系统和生态循环为基础，与之合作，与之协调，并帮助其持续生存；公平原则（principle of fairness），即有机农业应建立能确保公平享受公共环境和生存机遇的各种关系；关爱原则（principle of care），即应以一种有预见性的和负责任的态度来管理有机农业，以保护当前人类和子孙后代的健康和福利，同时保护环境。

四、FAO

（一）FAO简介

FAO是联合国的专门机构之一，是各成员国间讨论粮食和农业问题的国际组织。FAO的目标是实现所有人的粮食安全，确保人们能够定期获得充足的优质食物，拥有积极健康的生活。截至2024年，FAO有195名成员，包括194个成员国及欧盟，在全世界超过130个国家开展工作。

FAO是第二次世界大战后最早成立的国际组织。在1943年，美国前总统罗斯福在美国弗吉尼亚州温泉城举行的会议上提出，45个国家政府决定创建一个有关粮食及农业的常设组织。1945年10月16日，该组织在加拿大魁北克宣告成立。1946年，该组织与联合国签订协议，并经两机构大会批准，成为联合国系统内的一个专门机构，即FAO。

FAO的宗旨是提高各国人民的营养水平和生活水准，提高所有粮农产品的生产和分配效率，改善农村人口的生活状况，促进农村经济的发展，并最终消除饥饿和贫困。

FAO的职责范围包括农、林、牧、渔的生产，科技，政策及经济各方面。它搜集、整理、分析并向世界各国传播有关粮农生产和贸易的信息，向成员国提供技术援助，动员国际社会进行农业投资，并利用其技术向成员国提供粮农政策和计划的咨询服务，讨论国际粮农领域的重大问题，制定有关国际行为准则和法规，加强成员之间的磋商与合作。

（二）FAO的治理机构

FAO的治理机构包括FAO大会、理事会及其下属委员会（计划委员会、财政委员会、章程及法律事务委员会）、区域会议、4个技术委员会（商品问题委员会、渔业委员会、林业委员会、农业委员会）和世界粮食安全委员会。各成员国政府通过上述治理机构行使其权力。

FAO大会是FAO的最高治理机构。FAO大会的宗旨是确定本组织的政策和批准预算，并且行使章程授予它的其他权利，就与粮食和农业有关的问题向成员国和准成员国提出建议，以便它们采取国家行动予以实施；就涉及本组织宗旨的任何事项向任何国际组织提出建议。粮农组织大会每两年于6月或7月召开一次例会，每4年进行一次FAO总干事选举。

理事会由FAO大会选出的49个成员国组成，任期3年，每个成员国有一名代表和一票表决权。理事会在FAO大会闭会期间作为FAO大会的执行机构，行使与世界粮食和农业状况、FAO预期活动、行政及章程事项有关的职能。理事会在决定与计划和预算执行有关的事项并提出建议、监测治理决定的执行情况以及监督FAO的行政管理方面发挥着重要作用。理事会每两年举行5次会议。理事会设立一名独立主席，由FAO大会任命，任期两年。理事会下设的3个职能机构分别就有关计划、财政和章法事务向理事会提出建议和报告。

任务实施

自选几种出口食品，完成任务单，任务单如表6-2所示。

表6-2 国际食品标准化机构任务单

学生姓名：　　　　　　　班级：　　　　　　　日期：

任务分解	写出我国出口酱油是否需遵循国际标准	
	写出我国出口酱油的国家产品标准号及国际标准号	
	找出CAC、ISO、FAO等对酱油产品的规定	

考核评价

国际食品标准化机构考核评价表如表6-3所示。

表 6-3　国际食品标准化机构考核评价表

学生姓名：　　　　　　　　　　班级：　　　　　　　　　　日期：

评价方式	考核项目		评价要求	评价分数
自我评价 （20分）	相关知识		了解国际标准的概念及其包含的内容	
	任务准备		了解国际食品标准化机构的职能	
同伴互评 （20分）	参与度		1. 目标和分工 2. 任务完成效率	1. 高效完成分配任务 2. 及时总结和反馈	
教师评价 （60分）	课前	通用能力	课前预习任务	能准确说出和食品相关的国际标准化机构	
	课中	专业能力	完成任务	1. 能了解国际标准的使用范围 2. 能辨别国际标准及国家标准的不同 3. 知道各国际组织的不同	
		职业素养	提高法律修养	能理解国际食品标准化在促进全球食品安全和贸易中的作用	
	课后	知识拓展	信息化手段的应用	利用网络课程查找相关食品标准化机构资料	

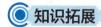 知识拓展

世界贸易组织

任务二　国际食品法律法规与标准

 知识储备

【知识讲解】

国际食品法律法规与标准

一、欧盟食品法律法规与标准

(一) 欧盟食品法律法规

欧盟食品立法的出发点更多的是对食品安全本身的保护,即以"消费者安全"为导向。向欧盟消费者提供安全和健康的食品是欧盟食品立法的根本出发点,整个法律体系都围绕确保所有欧盟消费者食用高标准食品这一目的而建立和实施。

欧盟于2000年1月12日出台了《食品安全白皮书》(*White Paper on Food Safety*),对食品安全问题进行了具体阐述,制定了一套连贯、透明的法规,从整体上提升了欧盟食品安全系统的水准。《食品安全白皮书》是欧盟食品安全法律的核心,标志着欧盟形成了一个新的食品安全体系框架。欧盟于2002年1月制定了欧洲议会和理事会第178/2002号法规,该法规就是著名的《食品基本法》。《食品基本法》包括三大部分,第一部分规定了食品立法的基本原则和要求,第二部分确定了欧洲食品安全局的建立,最后一部分给出了处理食品安全问题的程序。2004年4月,欧盟又公布了4个补充的法规,涵盖了HACCP、可追溯性、饲料和食品控制,以及从第三国进口食品的官方控制等方面的内容。它们被称为"食品卫生系列措施",包括2004年4月29日欧洲议会和理事会第852/2004号法规"食品卫生条例",2004年4月29日欧洲议会和理事会第853/2004号法规"动物源性食品具体卫生规定",2004年4月29日欧洲议会和理事会第854/2004号法规"供人类消费的动物源性食品的官方控制组织细则",以及2004年4月29日欧洲议会和理事会第882/2004号法规"确保符合饲料和食品法、动物健康和动物福利规定的官方控制"。这4个法规都于2006年1月1日起生效。欧洲议会和理事会于2019年6月20日通过(EU)第2019/1381号法规对《食品基本法》进行修订,要求提高食品安全信息的透明度,修订了食品的追溯性和标签要求,以加强食品安全法规的效力,提高欧盟食品市场的整体安全水平。

1.《食品安全白皮书》

《食品安全白皮书》提出了一项根本性的改革计划,即食品安全法应以控制"从农田至餐桌"全过程为基础,包括普通动物饲养、动物健康与保健、污染物和农药残留、新型食品、食品添加剂、包装、辐射、饲料生产、农场主和食品生产者的责任,以及各种农田控制措施等。《食品安全白皮书》对欧盟食品安全法规体系进行了完整的规划,确立了以下三方面的战略思想:第一,倡导建立欧洲食品安全局,负责食品安全风险分析和提供该领域的科学咨询;第二,在食品立法中始终贯彻"从农田至餐桌"的方法;第三,确立了食品和饲料从业者对食品安全负有主要责任的原则。

2.《食品基本法》(EC) 第178/2002号法规

欧盟于2002年1月制定了欧洲议会和理事会第178/2002号法规。(EC)第178/2002号法规涵盖了三部分内容:第一,明确了食品和食品安全的通用定义,明确了食品安全法规的基本原则,确立了欧盟食品安全总目标;第二,建立了欧洲食品安全局。欧洲食品安全局主要开展食品风险评价和食品安全议题日常交流工作,可直接或间接地对与食品安全相关的问题提出科学建议;第三,规定了程序问题,建立了解决对食品安全有直接或间接影响的问题的基本流程。(EC)第178/2002号法规在欧盟食品安全监管立法体系结构中起到了坚实的支撑作用,完善了欧洲食品监管制度。2019年欧洲议会和理事会发布的

（EU）第 2017/625 号法规正式实施，替代了（EC）第 854/2004 号条例和（EC）第 882/2004 号条例。

3. "食品卫生条例"（EC）第 852/2004 号法规

该法规规定了食品企业经营者确保食品卫生的通用规则，主要包括：企业经营者承担食品安全的主要责任，从食品的初级生产开始确保食品生产、加工和分销的整体安全，全面推行 HACCP，建立微生物准则和温度控制要求，确保进口食品符合欧洲标准或与之等效的标准。

4. "动物源性食品具体卫生规定"（EC）第 853/2004 号法规

该法规规定了动物源性食品的卫生准则，主要包括：只能用饮用水对动物源性食品进行清洗、食品生产加工设施必须在欧盟获得批准和注册、动物源性食品必须加贴识别标识、只允许从欧盟许可清单所列国家进口动物源性食品等。

5. （EU）第 2017/625 号法规

该法规是欧盟议会和理事会关于食品和饲料法、动物健康和福利条例、植物健康和植物保护的官方控制和其他官方活动的法规。该法规规定了对动物源性食品实施官方控制的规则，于 2017 年发布，于 2019 年正式实施。该法规的实施意味着欧盟内部的食品、饲料和动物健康控制措施得到了统一和加强，从而提高了食品安全标准和消费者保护水平。

（二）欧盟食品标准

欧盟食品标准可以分为两大类，即食品技术标准和食品管理标准。食品技术标准主要是针对食品标签、包装、微生物指标和储藏等方面所做的规定；食品管理标准主要是针对食品安全管理的依据、程序、职责及方法等所做的规定。在形式上，欧盟食品标准对各成员国均具有法律效力。

欧盟食品标准的修订程序是首先由民众、企业、市场提出食品标准的需求，欧洲标准化委员会（European Committee for Standardization，CEN）专家及行政人员对食品标准进行评估，接着撰写建议草案，寻求公众意见，整个过程有民众的监督，最后还有标准的风险分析，包括依靠社会规章制度的风险管理、维护消费者权益的风险认识、基于科学与事实的风险评估以及信息传递和对话的风险交流。由欧洲议会和欧盟理事会负责制定框架指令，欧盟委员会承担制定实施框架指令的相关政策，即欧盟理事会批准框架指令后，由欧盟委员会制定相关的具体实施指令。CEN 参与制定严格的食品安全标准。

根据（EC）第 178/2002 号法规的规定，欧洲食品安全局是欧盟食品安全标准的咨询机构。欧洲食品安全局是一个独立的欧洲机构，不隶属于欧盟其他机构，不受欧盟委员会、成员国及欧盟其他机构的管制。（EC）第 178/2002 号法规规定欧洲食品安全局不能直接制定法规政策，同时不具有决策权。它主要是通过咨询平台或咨询论坛的方式，以独立、透明及科学的原则进行风险评估，为制定食品安全政策与法规提供更加科学的理论依据，这么做的目的是有效、正确、统一地实施食品安全法规，从而为消费者的健康保障提供一个制度性的工具。

CEN 与 ISO 有密切的合作关系，它们于 1991 年签订了维也纳协议。维也纳协议是 ISO 和 CEN 间的技术合作协议，主要内容是 CEN 采用 ISO 标准（当某一领域的国际标准存在时，CEN 会将其直接采用为欧洲标准）、ISO 参与 CEN 的草案阶段工作（如果某一领域还没有国际标准，则 CEN 先向 ISO 提出制定标准的计划）等。CEN 的目的是尽可能使欧洲标准成为国际标准，以使欧洲标准有更广阔的市场。

二、部分发达国家食品法律法规与标准

（一）美国

美国政府的三个分支机构是立法、司法和执法，它们在确保美国食品安全的工作中各司其职。国会发布法令确保食品供应的安全，各执法部门和机构通过颁布法规来负责法令的实施。

美国关于食品的法律法规包括两方面内容：一是议会通过的法案，称为法令；二是由权力机构根据议会的授权制定的规则和命令。联邦法庭体系在立法过程中按照规定的权利和义务，在确保立法机构满足法律及程序的要求等方面起到重要作用。独立的陪审团对执法机构的活动记录进行细化。美国食品法律法规体系特点鲜明，立法过程透明、开放，并以风险分析作为食品决策和立法的基础，这有助于提高食品法律法规体系的科学性和执行的有效性。

在美国，制定和执行食品法律法规的主要机构是美国食品与药品管理局（Food and Drug Administration，FDA），绝大多数进口农产品都必须获得 FDA 的批准。FDA 管辖所有美国生产和进口的食品（除商业加工的肉类和禽类外）、瓶装水以及酒精含量低于 7% 的葡萄酒。为确保其管辖范围内的产品符合人类健康和安全的要求，FDA 制定了详细的法规对食品质量、规格、包装、标签等方面做出规定。

《联邦食品、药物和化妆品法》是 FDA 制定食品技术法规的最主要的依据。该法是美国关于食品和药品的基本法，经过多次修改后，该法已经成为世界同类法中最全面的一部法律。所有销往美国的食品必须满足《联邦食品、药物和化妆品法》的要求，该法规定 FDA 的使命包括保证食物是安全的、有益健康的、卫生的和适当标识的，以保护公众健康。《联邦食品、药品和化妆品法》禁止掺杂的和贴假（错）商标的物品在美国销售和进口，以及需要 FDA 批准而没有获得批准的物品在美国销售。

美国的标准化发展得较早，早在 19 世纪早期就形成了一些在世界上颇具影响力的标准化机构和专业标准化团体。第二次世界大战后，美国经济实力得到加强，巩固了其标准化体系，同时标准化体系的强化又促进了产品竞争力的提升，促使美国产品在国际市场竞争中取得成功。

美国涉及食品标准管理的机构主要有 4 个，包括食品安全和检查局、FDA、环境保护署、农业市场局。其中食品安全和检查局负责制定肉、禽、蛋制品的安全和卫生标准；环境保护署负责制定饮用水标准以及食品中的农药残留限量标准；农业市场局负责蔬菜、水果、肉、蛋等常见食品的市场质量分级标准；FDA 负责监管标准和其他所有食品的安全和卫生标准，包括食品添加剂、防腐剂和兽药标准。各部门职责界定清晰，各司其职，有利于标准的顺利实施。美国的技术水平长期处于世界前列，大量 CAC 标准和欧盟标准是通过采用或部分采用美国标准形成的。

美国食品法律法规的制定以科学为依据，以风险分析为基础，贯彻以预防为主的原则，对全过程的食品安全进行监控和管理。1998 年，美国农业部、FDA 和疾病控制与防治中心联合颁布良好农业规范指南文件《减少新鲜水果和蔬菜食品微生物危害指南》，其

内容包括水果和蔬菜的生产、收获、装运和加工过程中的安全控制,以确保进口的及国内生产的水果和蔬菜的安全。这些由部门制定的技术法规要由国会的相关专业委员会和国家管理与预算办公室(Office of Management and Budget, OMP)统一协调,然后由相应的政府机构或部门制定并颁布实施。所有现行的联邦技术法规(全国范围适用)全部收录在《美国联邦法规法典》中。这些技术法规主要涉及微生物限量、农药残留限量、污染物限量及食品添加剂的使用等与人体健康有关的食品安全要求和规定,其内容非常详细,涉及食品安全的各个环节、各种危害因素等。除联邦技术法规外,美国每个州都有自己的技术法规,联邦政府、各州以及地方政府在用法律管理食品和食品加工时,承担着互为补充、内部独立,但又相互协作的职责。

(二) 日本

为了确保食品安全,日本政府在食品的原料生产、加工、流通等各领域已经建立起一套完善的食品安全保障体系,各环节都有细致的规定,而且在不断地完善。日本保障食品质量安全的法律法规体系由基本法律和一系列专业、专门法律法规组成。其中《食品安全基本法》和《食品卫生法》是两大基本法律。

《食品安全法基本法》为日本食品安全行政制度提供了基本的原则和要素。其立法宗旨是确保食品安全与维护国民身体健康,确立了通过风险分析判断食品是否安全的理念,强调对食品安全的风险预测能力,根据科学分析和风险预测结果采取必要的管理措施,对食品风险管理机构提出政策建议,同时确立了风险交流机制(对象涉及风险评估机构、风险管理机构、从业者、消费者),并评价风险管理机构及其管理政策的效果,提出食品安全突发事件和重大事件的应对措施,废止了以往依靠最终产品确认食品安全的方法。《食品安全基本法》于2003年5月获得国会通过,从2003年7月1日开始实施,经过修订,现在的《食品安全基本法》共有总则、施政方针、食品安全委员会和附录4个部分。总则部分阐述了《食品安全基本法》制定的目的、食品的定义、食品安全政策的重要性,以及食品安全各环节中每个参与者的责任。施政方针部分确定了实施食品健康影响评价的目的、策略、结果的使用、信息交流、研究机构、突发事件处理等相关条款,为促进各方参与食品安全管理提供了途径。《食品安全基本法》还确定了食品安全委员会的成立,明确食品安全委员会具有风险评估、科学建议、食品安全调研等职能,规定了食品安全委员会委员的任期、义务等,保证食品安全委员会的正常运转。

《食品卫生法》主要分为两个部分:一是针对食品从种植、生产、加工、储存、容器包装规格、流通到销售的全过程的食品卫生要求,包括使用的包装材料、容器、食品添加剂等方面的管理并制定相应的规格标准,禁止生产、使用、进口和销售违反《食品卫生法》的食品,并且明确规定从业者不得违反《食品卫生法》,不得对食品和食品添加剂进行虚假标识;二是有关食品卫生监管方面的规定,《食品卫生法》的解释权和执行管理都归属于厚生劳动省,厚生劳动大臣有权派遣食品卫生监视员对食品从业者进行必要的检查和指导。

日本十分重视本国食品安全标准的制定,旨在从技术指标的层面保证食品供应链的安全。目前,日本食品安全相关标准数量众多,形成了比较完善的标准体系。日本食品标准的制定机构主要为厚生劳动省和农林水产省。

日本《食品卫生法》第十一条明确规定:"厚生劳动大臣从公共卫生的角度出发,听取药品食品卫生审议会的意见，可对用于销售的食品或添加剂的制造、加工、使用、烹饪或保存方法制定标准，或对用于销售的食品或食品添加剂成分制定规格。"因此，厚生劳动省主要负责制定一般的要求和食品标准，包括食品添加剂的使用、农药的最大残留等，其使用范围是包括进口食品在内的所有食品。

日本农林水产省主要负责食用食品标签的制定，包括加工食品、易腐食品和转基因食品的标签要求：①质量标识标准要求加工食品中要明确标注食品的名称、配料、含量、最佳食用期、保存方式、制造商等；②易腐产品分为农产品、动物产品和水产品，其标签中应标明食品的名称、原产地、含量、制造商等；③转基因大豆、马铃薯、油菜籽、玉米和棉籽及以其为原料的加工食品必须遵循转基因食品的标签要求。

从食品标准权威层面来看，日本现行的食品标准主要由国家标准、行业标准和企业标准构成。国家标准即 JAS 标准，主要以农、林、畜、水产品及其加工制品和优质品为对象。国家标准的制定机构是厚生劳动省，其从本国实际出发，结合 90% 以上国际标准的内容来制定国家标准。国家标准在整个日本食品标准体系中具有权威性和指导性作用。

行业标准是指在国家食品安全相关机构许可下，由行业团体、行业协会或社会组织制定的，仅在本行业范围内有效的食品安全技术标准，对国家标准或地方标准具有补充和技术储备的作用。

企业标准是企业生产的食品在没有国家、地方和行业标准参照的情况下，由各株式会社制定的操作规程或技术标准，以此作为本企业食品安全生产的依据。企业标准的特点是种类齐全、内容科学、先进实用、目的明确、与法律法规紧密相连、与国际标准接轨。

任务实施

自选向欧洲、美国和日本等国家和地区出口的食品，完成任务单，任务单如表 6-4 所示。

表 6-4　国际食品法律法规与标准任务单

学生姓名：　　　　　　　　班级：　　　　　　　　日期：

	考核项目	
任务分解	写出欧盟的食品法律法规名称	
	写出欧盟《食品安全白皮书》中与我国食品法律法规的几点不同	
	查阅美国、日本的食品法律法规，写出对应名称	

考核评价

国际食品法律法规与标准考核评价表如表 6-5 所示。

表 6-5　国际食品法律法规与标准考核评价表

学生姓名：　　　　　　　　班级：　　　　　　　　日期：

评价方式	考核项目	评价要求	评价分数
自我评价（20分）	相关知识	了解欧盟及部分发达国家的食品法律法规制定宗旨	
	任务准备	浏览欧盟及部分发达国家的食品法律法规内容	

续表

评价方式	考核项目		评价要求	评价分数
同伴互评（20分）	参与度		1. 目标和分工 2. 任务完成效率 ／ 1. 高效完成分配任务 2. 及时总结和反馈	
教师评价（60分）	课前	通用能力	课前预习任务 ／ 能说出几个欧盟食品法律法规的名称	
	课中	专业能力	完成任务 ／ 1. 知道欧盟食品法律法规及标准 2. 能理解欧盟食品法律法规及标准与我国食品法律法规及标准的区别 3. 知道美国、日本食品安全法律法规及标准的表述	
		职业素养	增强法律意识 ／ 能够区分与欧盟及其他国家的食品法律法规	
	课后	知识拓展	创造性思维的培养 ／ 结合不同国家的食品法律法规谈谈对我国食品法律法规的意见或建议	

思考练习

（1）食品国际标准化组织有哪些？它们的工作目标和职能是什么？

（2）ISO 的宗旨是什么？采用国际标准有哪些好处？

（3）FAO 与 CAC 的关系是什么？

（4）欧盟、美国和日本的食品法律法规有哪些？

知识拓展

俄罗斯食品安全法律法规

第三篇　食品法律法规与标准的应用

项目七　食品企业质量安全管理

学习目标

知识目标

（1）掌握 5S 现场管理的要点和方法；
（2）掌握 ISO 9001 质量管理体系的内容和要求；
（3）掌握 HACCP 的基本原理；
（4）掌握 ISO 22000 食品安全管理体系的内容和要求。

技能目标

（1）能依据 5S 现场管理指出企业现场管理存在的问题；
（2）能依据 ISO 9001 质量管理体系查找企业案例中存在的问题；
（3）能制定某食品加工过程的 HACCP 计划；
（4）能依据 ISO 22000 食品安全管理体系查找企业案例中存在的问题。

素质目标

（1）养成坚持不懈、持之以恒的工作作风；
（2）提高食品安全风险意识。

项目导入

在引进国际标准的过程中，将国际标准转换为国家标准的方式有等同采用和等效采用两种，我国采用等同采用的方式，即不作任何改动地引用国际标准。为了便于识别，在引用的国际标准上加了"10000"，故引用后的 ISO 9001 质量管理体系的正确写法为 ISO 9001：2015 idt GB/T 19001—2015。其中 idt 表示"等同采用"的意思，GB/T 表示"国家推荐标准"的意思。

任务一　5S 现场管理

知识储备

【知识讲解】

5s 现场管理法

一、5S 现场管理的含义

5S 现场管理是一种现代企业管理模式,又称为"五常法则"。5S 现场管理起源于日本,是现代企业管理者偏爱的一种管理方式,它不仅有利于企业提高生产效率和产品品质,还可以帮助企业树立良好的企业文化,增强企业的综合竞争力。5S 现场管理是指在生产现场对人员、机器、材料、方法等生产要素进行有效的管理,为其他管理活动奠定良好的基础。其内容涵盖整理、整顿、清扫、清洁、教养这几个现场管理实施的环节。整理、整顿、清扫、清洁、教养的日文罗马字的第一个字母都为 S,所以称之为"5S"。

二、5S 现场管理的要求

(一) 整理

将工作场所中的任何东西区分为有必要与不必要,把二者明确、严格地区分开来,并将不必要的东西尽快处理掉。其目的在于腾出工作空间,防止误用、误送,塑造清爽的工作场所。

(二) 整顿

把留下来的有必要的东西依规定的位置分门别类排列好,明确数量,进行有效的标识。其目的在于使工作场所一目了然,缩短找寻物品的时间,营造整齐的工作环境。

(三) 清扫

将工作场所内看得见与看不见的地方清扫干净,保持工作场所干净、亮丽。其目的在于培养全员讲卫生的习惯,创造一个干净、清爽的工作环境。

(四) 清洁

将干净的观念延伸到个人,关注是否正确穿着工作服,是否正确操作仪器设备,是否持续地进行整理、整顿和清扫工作,并视为每日例行工作的一部分。其目的在于通过制度化和定期检查,维持上述 3S 的成果。

(五) 教养

培养员工良好的工作习惯,提高员工的自我管理意识,使员工自觉遵守规章制度,进而提高工作效率。其目的在于提高员工的专业修养,形成良好的工作习惯,加强自我管理,形成良好的工作氛围。

整理、整顿、清扫、清洁、教养这 5 个环节并不是各自独立、互不相关的。它们之间是相辅相成、缺一不可的。整理是整顿的基础,整顿又是整理的巩固,清扫用于显现整理、整顿的效果,而通过清洁来持续保养并巩固之前取得的成效,通过持续的宣传和实施、总结与改进,使之上升为一种习惯(即教养),从而改善企业整体的气氛,使企业进入良性的循环。5S 之间的关系如图 7-1 所示。

5S 现场管理能够有效减少各种浪费,降低企业运营成本,还能够改善和提高企业形象,促进标准化管理,提高生产效率,增强员工的归属感。通过实施 5S 现场管理,不仅能使工作场所更加干净整洁,还能有效提高员工的道德修养和责任心,有效激发员工对企业的热

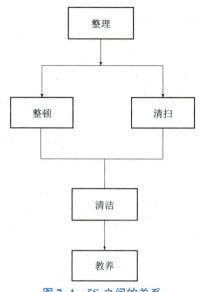

图 7-1　5S 之间的关系

爱，增强企业的凝聚力，从而提高顾客对企业的满意度，吸引更多的合作伙伴。

时至今日，5S 现场管理仍然是最为行之有效的企业管理模式之一。

任务实施

结合具体食品加工企业的情况，根据以上知识点完成所给任务单，任务单如表 7-1 所示。

表 7-1　5S 现场管理学习任务单

学生姓名：　　　　　　　　　　　班级：　　　　　　　　　　　日期：

任务分解	判断该企业是否采用 5S 现场管理	
	判断该企业员工是否能够自觉遵守 5S 现场管理的规定	
	写出该企业在生产管理上的不足	

考核评价

5S 现场管理考核评价表如表 7-2 所示。

表 7-2　5S 现场管理考核评价表

学生姓名：　　　　　　　　　　　班级：　　　　　　　　　　　日期：

评价方式	考核项目	评价要求		评价分数
自我评价 （20 分）	相关知识	了解 5S 现场管理的概念		
	任务准备	知道 5S 现场管理的要求		
同伴互评 （20 分）	参与度	1. 目标和分工 2. 任务完成效率	1. 高效完成分配任务 2. 及时总结和反馈	

续表

评价方式	考核项目		评价要求	评价分数
教师评价（60分）	课前	通用能力	课前预习任务	能说明5S现场管理的用途	
	课中	专业能力	完成任务	1. 能利用5S现场管理判断企业的管理情况 2. 能根据5S现场管理判断企业员工的情况 3. 能根据5S现场管理发现企业的问题	
		职业素养	发现并解决问题的能力	能根据5S现场管理原则提升工作效率	
	课后	知识拓展	信息化手段的应用	利用相关网络课程资源丰富知识体系	

◉ 思考练习

（1）5S现场管理的内容是什么？
（2）5S之间的关系是什么？
（3）5S现场管理的作用是什么？

◉ 知识拓展

实施5S的目的

任务二　ISO 9001质量管理体系

◉ 知识储备

【知识讲解】

ISO 9001质量管理体系

一、ISO 9001 质量管理体系简介

ISO 9001 质量管理体系属于质量管理通用标准，同时属于综合性质量保证体系。在 ISO 的推动下，全世界目前采用 ISO 9001 质量管理体系的国家以及地区超过 150 个。

1987 年，ISO/TC 176 技术委员会颁布 ISO 9001，同时在 1994 年推出了新版的质量管理体系标准，在 2000 年推出 ISO 9001：2000 标准，在 2008 年颁布 ISO 9001：2008 标准，在 2015 年颁布 ISO 9001：2015，进而形成了较为完善的质量管理体系。

ISO 9001 质量管理体系是很多国家，特别是发达国家多年来管理理论与管理实践发展的总结，它体现了一种管理哲学、质量管理方法及模式。ISO 9001 质量管理体系也是迄今为止世界上最成熟的一套管理体系和标准，是企业发展和成长之根本。ISO 9001 质量管理体系适用于希望改进运营和管理方式的任何组织，而不论其规模或所属部门如何。此外，ISO 9001 质量管理体系可以与其他管理系统标准和规范（如 OHSAS 18001 职业健康安全管理体系和 ISO 14001 环境管理体系）兼容。它们可以通过"整合管理"进行无缝衔接。它们具有许多共同的原则，因此选择整合的管理体系可以带来极大的经济效益。

二、ISO 9001 质量管理体系原则

（一）以顾客为关注焦点

质量管理的首要关注点是满足顾客的要求并努力超越顾客的期望。企业只有赢得和保持顾客与其他相关方的信任才能获得持续成功。与顾客相关的每个方面都为顾客提供了创造更多价值的机会。理解顾客和其他相关方当前和未来的需求，有助于企业的持续成功。

企业可开展的活动包括以下几方面：识别从企业获得价值的直接顾客和间接顾客；理解顾客当前和未来的需求和期望；将企业的目标与顾客的需求和期望联系起来；在整个企业内沟通顾客的需求和期望；为满足顾客的需求和期望，对产品和服务进行策划、设计开发、生产、交付和支持；测量和监视顾客的满意情况，并采取适当的措施；对可能影响顾客满意度相关方的需求和适宜的期望，应进行确定并采取措施；主动管理与顾客的关系，以实现持续成功。

（二）发挥领导的作用

最高管理者要带领各级领导建立统一的宗旨和方向，并创造全员积极参与实现企业的质量目标的条件。统一的宗旨和方向的建立，以及全员的积极参与，能够使企业将战略、方针、过程和资源协调一致，以实现其目标。

企业可开展的活动包括以下几方面：在整个企业内就其使命、愿景、战略、方针和过程进行沟通；在企业的所有层级创建并保持共同的价值观及公平和道德的行为模式；培育诚信和正直的文化；鼓励在整个企业范围内履行对质量的承诺；确保各级领导者成为企业中的榜样；为员工提供履行职责所需的资源和权限；激发、鼓励和表彰员工的贡献。

（三）全员积极参与

整个企业内各级胜任、经授权并积极参与的人员，是提高企业创造力和提供价值能力的必要条件。为了有效和高效地管理企业，各级人员得到尊重并参与其中是极其重要的。

通过表彰、授权和提高能力，促进在实现企业的质量目标过程中全员积极参与。

企业可开展的活动包括以下几方面：与员工沟通，增强他们对个人贡献重要性的认识；促进整个企业内部的协作；提倡公开讨论、分享知识和经验；让员工确定影响执行力的制约因素，并且毫无顾虑地主动参与；赞赏和表彰员工的贡献、学识和进步；针对个人目标进行绩效的自我评价；进行调查以评估人员的满意程度，沟通并采取适当的措施。

（四）过程方法

将活动作为相互关联、功能连贯的过程组成体系来理解和管理时，可以更加有效和高效地得到一致的、可预知的结果。ISO 9001 质量管理体系是由相互关联的过程组成的，理解该体系是如何产生结果的，能够使企业尽可能地完善其体系并优化其绩效。

企业可开展的活动包括以下几方面：确定体系的目标和实现这些目标所需的过程；为管理过程确定职责、权限和义务；了解企业的能力，预先确定资源约束条件；确定过程中相互依赖的关系，分析个别过程的变更对整个体系的影响；将过程及其相互关系作为一个体系进行管理，有效和高效地实现企业的质量目标；确保获得必要的信息，在运行和改进过程中监视、分析和评价整个体系的绩效；管理可能影响过程输出和体系的整体结果的风险。

（五）持续改进

成功的企业应持续关注改进，改进对于企业保持当前的绩效水平，对其内、外部条件的变化做出反应，并创造新的机会，都是非常必要的。

企业可开展的活动包括以下几方面：在企业的所有层级建立改进目标；对各层级人员进行教育和培训，使其懂得如何应用基本工具和方法实现改进目标；确保员工有能力成功地促进和完成改进项目；开发和展开过程，以在整个企业内实施改进项目；跟踪、评审和审核改进项目的策划、实施、完成和结果；将改进与新的或变更的产品、服务和过程的开发结合考虑；赞赏和表彰改进。

（六）循证决策

基于数据与信息的分析和评价的决策，更有可能产生期望的结果。决策是一个复杂的过程，并且总是包含某些不确定性，它经常涉及多种类型和来源的输入及其理解，而这些理解可能是主观的，重要的是理解因果关系和潜在的非预期后果，对事实证据和数据的分析可使决策更加客观、可信。

企业可开展的活动包括以下几方面：确定、测量和监视关键指标，以证实企业的绩效；使相关人员能够获得所需的全部数据；确保数据和信息足够准确、可靠和安全；使用适宜的方法对数据和信息进行分析和评价；确保人员有能力分析和评价所需的数据；权衡经验和直觉，基于证据进行决策并采取措施。

（七）关系管理

相关方能够影响企业的绩效，为了持续成功，企业需要管理与相关方（如供方）的关系。当企业管理与所有相关方的关系，以尽可能有效地发挥其在企业绩效方面的作用时，持续成功更有可能实现，这对相关方及其合作伙伴网络的关系管理是尤为重要的。

企业可开展的活动包括以下几方面：确定相关方（如供方、顾客、投资者、雇员或整个社会）及其与企业的关系；确定和排序需要管理的相关方的关系；建立平衡短期利益与长期考虑的关系；与相关方共同收集和共享信息、专业知识和资源；在适当的时间节点测量绩效并向相关方报告，以增加改进的主动性；与相关方合作开展开发和改进活动；鼓励和表彰相关方及其合作伙伴的改进和成绩。

任务实施

结合具体食品加工企业的情况，根据以上知识点完成所给任务单，任务单如表 7-3 所示。

表 7-3 ISO 9001 质量管理体系学习任务单

学生姓名：		班级：	日期：
任务分解	判断该企业整体是否满足 7 项质量管理原则		
	检查该企业基础设施管理是否符合规定，如不符，则提出方案		
	判断与产品有关的法律法规要求是否合规		

考核评价

ISO 9001 质量管理体系考核评价表如表 7-4 所示。

表 7-4 ISO 9001 质量管理体系考核评价表

学生姓名：			班级：		日期：	
评价方式	考核项目			评价要求		评价分数
自我评价（20 分）	相关知识			了解 ISO 9001 质量管理体系的概念		
	任务准备			了解 ISO 9001 质量管理体系的用途		
同伴互评（20 分）	参与度			1. 目标和分工 2. 任务完成效率	1. 高效完成分配任务 2. 及时总结和反馈	
教师评价（60 分）	课前	通用能力		课前预习任务	能说出 7 项质量管理原则	
	课中	专业能力		完成任务	1. 能利用 7 项质量管理原则判断企业的问题 2. 能判断与产品有关的法律法规要求的合规情况	
		职业素养		发现并解决问题的能力	能利用 ISO 9001 质量管理体系分析并解决问题	
	课后	知识拓展		信息化手段的应用	利用相关网络课程资源丰富知识体系	

思考练习

（1）ISO 9001：2015 标准的特点是什么？

（2）ISO 9001 质量管理体系的内容是什么？

（3）ISO 9001 质量管理体系的优点是什么？

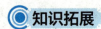

知识拓展

ISO9001 认证

任务三　HACCP 体系

知识储备

【知识讲解】

危害分析与关键控制点

一、HACCP 体系简介

食品生产加工过程（包括原材料采购、加工、包装、储存、装运等）是预防、控制和防范食品安全危害的重要环节。

HACCP 体系是一种科学、合理、针对食品生产加工过程进行控制的预防性体系。HACCP 体系的建立和应用可保证食品安全危害得到有效控制，以防止发生危害公众健康的问题。

HACCP 体系是 20 世纪 60 年代由皮尔斯伯公司联合美国国家航空航天局（National Aeronautics and Space administration，NASA）和美国一家军方实验室（Natick 地区）共同制定的，其初衷是为太空作业的宇航员提供食品安全方面的保障。到目前为止，HACCP 体系已经成为国际上共同认可和接受的食品安全保证体系。

二、HACCP 体系的基本原理与实施步骤

（一）基本原理

食品企业应根据以下要求制定并组织实施食品的 HACCP 体系，系统控制显著危害，确保防止、消除这些危害或将其降低到可接受水平，以保证食品安全。

（1）进行危害分析和制定控制措施。

(2) 确定关键控制点。
(3) 确定关键限值。
(4) 建立关键控制点的监控系统。
(5) 建立纠偏措施。
(6) 建立验证程序。
(7) 建立文件和记录保存系统。

(二) HACCP 体系的实施步骤

HACCP 体系的基本实施步骤如图 7-2 所示。

图 7-2　HACCP 体系的基本实施步骤

1. 组建 HACCP 小组

HACCP 小组应由跨部门人员组成，其成员应包括负责质量管理、技术管理、生产管理、设备管理的人员及其他相关职能人员。组长应对食品法典 HACCP 原则有深入的了解，并具备相应的能力、经验，经过相关培训。HACCP 小组成员应具备一定的 HACCP 知识以及相关产品、流程及相关危害的识别能力。

2. 进行产品描述

应为每种产品进行全面的产品描述，通常包括：产品名称；成分；与食品安全有关的生物、化学和物理特性；预期的保质期和储存条件；包装；与食品安全有关的标志；分销方式等。应收集、维护、记录和更新相关的证据，其不限于最新科学文献、与特定食品相关的以往和已知危害性相关的实践规范、公认的指导原则、与产品生产和销售相关的食品法律法规、客户要求等。

3. 确定产品预期用途和消费者或使用者

确定消费者或使用者怎样使用产品，如加热（但未充分煮熟）后食用、食用前蒸煮、生食或轻度蒸煮、食用前充分蒸煮、进一步加工成"加热后即食"的成品。预期的消费者可能是所有公众或特殊人群，如婴幼儿、老人、过敏者等；预期的使用者可以是另外的加工者，他们将进一步加工产品。

4. 绘制工艺流程图

绘制工艺流程图的目的是提供对食品从原料收购到产品分销整个加工过程及其有关的配料流程步骤的清晰、简明的描述。

5. 审核工艺流程图

HACCP 小组至少每年一次在动态生产情况下，通过现场审核和自查来验证工艺流程图的准确性，确保加工过程的各项操作准确落实。在每次完成审核后应保留工艺流程图的验证记录。

6. 进行危害分析

HACCP 小组应识别和记录与产品加工和设施相关的每个步骤（先后顺序）中发生的所有潜在危害。其应包括原材料所存在的危害、加工期间和加工步骤执行期间所引入的危害，并考虑危害类型，如微生物、物理污染、化学和辐射污染、欺诈、蓄意污染、过敏原风险等。

7. 确定关键控制点

对每种需要进行控制的危害，应对其控制点进行评审，可以通过判断树来识别关键控制点。关键控制点的危害应是显著性危害，需要防止或消除食品安全危害或将其降低到可接受水平。

8. 确定关键限值

应基于法规限量、科学文献、危害控制指南、试验结论、专家指导和危害控制原理确定关键限值。有效、简捷、经济是确定关键限值的三项原则。有效是指在关键限值内，显著危害能够被防止、消除或降低到可接受水平；简捷是指简便快捷，易于操作，可在生产线不停顿的情况下快速监控；经济是指较少的人力、物力、财力的投入。

9. 建立关键控制点的监控系统

应为每个关键控制点建立监控系统，以确保符合关键限值。确定每个关键限值的监控对象；确定每个关键限值的监控方法；确定每个关键限值的监控频率；确定每个关键限值的监控人员。监控系统应能够监测关键控制点的失控，而且在任何可能情况下可以及时提供信息，以采取纠偏措施。每一个关键控制点的监测记录应包括日期、时间和监测结果，且由负责监控的人员及授权人员签字并核准。

10. 建立纠偏措施

HACCP 小组应当制定当监测结果显示不能满足关键限值或存在失控倾向时要采取的纠偏措施并将其编制成文，包括授权人员在对流程处于失控状态期间对所生产的任何食品所要采取的措施。

11. 建立验证规程

验证规程的正确建立和执行是 HACCP 体系成功实施的重要基础。验证时要复查整个 HACCP 体系及其记录档案。验证内容如下。

（1）要求供货方提供产品合格证明。

（2）检测仪器标准，并对仪器校正的记录进行审查。

（3）复查 HACCP 研究及其记录和有关文件。
（4）审查 HACCP 体系及工作日记与记录。
（5）复查偏差情况和处理情况。
（6）检查关键控制点记录及其控制是否正常。
（7）对中间产品和最终产品的微生物进行检验。
（8）评价所制定的目标限值和容差，检查不合格产品淘汰记录。
（9）调查市场供应中与产品有关的意想不到的卫生和腐败问题。
（10）复查消费者对产品的使用情况及反应记录。

12. 建立文件和记录保存系统

完整准确的过程记录有助于及时发现问题和准确分析与解决问题，记录的内容如下。
（1）表格名称、企业名称与地址。
（2）原料的性质、来源和质量。
（3）监控时间、日期。
（4）完整的加工记录，包括储存和发售记录。
（5）清洁和消毒记录。
（6）与产品安全有关的所有决定。
（7）关键控制点监控过程、监控方法及偏差与纠偏记录。
（8）HACCP 方案修改、补充档案与审定报告。
（9）产品形式、包装规格、流水线操作偏差和产品偏差。
（10）操作者签名和检查日期、审核者签名和审核日期。
（11）验证数据和复查数据、HACCP 小组报告及总结。

任务实施

结合具体食品加工企业的情况，根据以上知识点完成所给任务单，任务单如表 7-5 所示。

表 7-5 HACCP 体系任务单

学生姓名：	班级：	日期：
任务分解	根据调研的企业情况填写表 7-6	
	模拟 HACCP 小组，按顺序填写表 7-6 中（1）~（6）的内容	
	分析结果是否受到影响，对表 7-6 做出必要的更新或修订	

危害分析工作单如表 7-6 所示。

表 7-6 危害分析工作单

企业名称：_____	产品名称：_____
企业地址：_____	储存和销售方法：_____
签名：_____	预期用途和用户：_____
日期：_____	

续表

(1) 配料/加工步骤	(2) 确定本步骤引入的、受控的或增加的潜在危害	(3) 潜在的食品安全危害是显著的吗？（是/否）	(4) 对第（3）栏的判断提出依据	(5) 显著危害的预防措施	(6) 判断本步骤是否为关键控制点（是/否）

考核评价

HACCP 体系考核评价表如表 7-7 所示。

表 7-7　HACCP 体系考核评价表

学生姓名：　　　　　　班级：　　　　　　日期：

评价方式	考核项目		评价要求	评价分数
自我评价（20 分）	相关知识		了解 HACCP 体系的含义	
	任务准备		了解 HACCP 体系的用途	
同伴互评（20 分）	参与度		1. 目标和分工 2. 任务完成效率	1. 高效完成分配任务 2. 及时总结和反馈	
教师评价（60 分）	课前	通用能力	课前预习任务	能说出 HACCP 体系的基本原理	
	课中	专业能力	完成任务	1. 会填写危害分析工作单 2. 能判断结果变化的因素	
		职业素养	发现并解决问题的能力	能分析并应用 HACCP 体系	
	课后	知识拓展	信息化手段的应用	利用相关网络课程资源丰富知识体系	

思考练习

（1）HACCP 体系的定义是什么？
（2）HACCP 体系的基本原理是什么？
（3）HACCP 体系的作用是什么？

知识拓展

新版《HACCP 体系认证实施规则》解读

任务四　ISO 22000 食品安全管理体系

知识储备

【知识讲解】

ISO 22000 食品安全管理体系

一、ISO 22000 食品安全管理体系简介

ISO 22000 食品安全管理体系是 ISO 为保证全球食品安全所制定的国际标准,它建立在 GMP、SSOP、HACCP 的基础上,提出对整个食品链进行全程监管的要求。《食品安全管理体系——食品链中各类组织的要求》(ISO 22000:2018) 可以指导食品链中的各类组织,按照最基本的管理要素要求建立以 HACCP 体系为基础的食品安全管理体系。

二、ISO 22000 食品安全管理体系的适用范围

ISO 22000 食品安全管理体系的所有要求是通用的,适用于食品链中各种规模和复杂程度的所有组织,包括直接或间接介入食品链中一个或多个环节的组织。直接介入的组织包括但不限于:饲料生产者,动物食品生产者,野生动植物收获者,农作物种植者,辅料生产者,食品生产者,零售商,食品服务方,餐饮服务方,提供清洁和消毒服务以及运输、储存和分销服务的组织。其他间接介入食品链的组织包括但不限于:设备、清洁剂、包装材料以及其他食品接触材料的供应商。

ISO 22000 食品安全管理体系允许任何组织,包括小型和(或)欠发达组织(如小农场、小分包商、小零售商或食品服务商)在食品管理体系中加入外部开发的元素,通过内、外部资源确保满足 ISO 22000 食品安全管理体系的要求。

(一) 前提方案

企业应建立、实施、维护和更新前提方案,以预防和(或)减少产品、产品加工和工作环境中的污染(包括食品安全危害)。企业应将前提方案形成文件化的信息,规定其选择、制定、适用的监控方式和验证方式。

(二) 可追溯系统

可追溯系统应能够唯一地识别从供方的进料到终产品初次分销的途径。企业应确保适用的法律法规和客户要求得到识别。企业应按规定的期限保留文件化信息,作为可追溯系

统的证据，至少包括产品的保质期。企业应验证和测试可追溯系统的有效性，包括终产品数量和配料数量的一致性。当建立和实施可追溯系统时，至少应考虑以下方面。

（1）所接收的原料、辅料和中间产品的批次与最终产品的关系。

（2）原料/产品的返工。

（3）终产品分销。

(三) 危害控制

1. 实施危害分析的预备步骤

为进行危害分析，食品安全小组应收集、保存和更新文件化的预备信息，包括但不限于适用的法律法规和客户要求，企业的产品、工艺和设备，与 ISO 22000 食品安全管理体系相关的食品安全危害。

1）原料、辅料和产品接触材料特性

企业应确保所有适用于原料、辅料和产品接触材料的食品安全法律法规要求得到识别。企业应保存文件化的信息，对所有原料、辅料和产品接触材料予以描述，其详略程度应足以实施危害分析。

2）终产品特性

企业应确保所有适用于预期生产的终产品的法律法规和食品安全要求得到识别。企业应保存有关终产品特性的文件化信息，其详略程度应足以进行危害分析。

3）预期用途

企业应考虑预期用途，包括终产品合理的预期处理和终产品非预期，但可能发生的错误处置和误用，并保存文件化信息，其详略程度应足以实施危害分析。在适宜时，应识别每种产品的消费群体和对特定食品安全危害易感的消费者/使用者。

4）工艺流程图和工艺描述

（1）工艺流程图的准备。食品安全小组应建立、保存和更新工艺流程图，作为 ISO 22000 食品安全管理体系所覆盖的产品或产品类别和过程的文件化信息。在进行危害分析时，应使用工艺流程图作为评价食品安全危害可能出现、增加、减少或引入的基础。工艺流程图应清晰、准确和足够详尽，其详略程度应足以实施危害分析。

（2）工艺流程图的现场确认。食品安全小组应现场确认工艺流程图的准确性，在适宜时更新工艺流程图，并保存为文件化信息。

5）过程和过程环境的描述

食品安全小组应对过程和过程环境进行描述，包括预期的季节变化或班次模式引起的变化，应适当更新描述，并保存为文件化信息，其详略程度应足以实施危害分析。

2. 危害分析

食品安全小组应根据预备信息进行危害分析，以确定需要控制的危害。控制的程度应确保食品安全，在适宜时应采取控制措施的组合。

1）危害识别和可接受水平的确定

企业应识别并记录与产品类别、过程类别和过程环境相关的所有合理预期发生的食品安全危害，识别每种食品安全危害可能存在、引入、增加或持续的步骤（如原料接收、加工、分销和交付）。

针对每种已识别的食品安全危害，只要可能，企业就应确定终产品中食品安全危害的可接受水平。企业应保存关于可接受水平确定和可接受水平依据的文件化信息。

2）危害评估

企业应对每种已识别的食品安全危害进行评估，以确定其预防或降低至可接受的水平是否是必需的。企业应评估每种食品安全危害在应用控制措施之前在终产品中发生的可能性及与预期用途有关的不良健康影响后果的严重性。企业应识别任何重大的食品安全危害。企业应当描述危害评估所使用的方法，应保存危害评估结果的相关文件。

3）控制措施的选择和分类

基于危害评估，企业应选择适宜的控制措施或控制措施组合，以预防或降低所识别的显著食品安全危害至规定的可接受水平。企业应将所选择的控制措施采用系统的方法分类为操作性前提方案（OPRP）或关键控制点。控制措施的选择和分类的决策过程和结果应保存为文件化信息。对于会影响控制措施的选择和严格性的外部要求（如法律、法规和客户要求），也应保存相关文件。

3. 控制措施和控制措施组合的确认

食品安全小组应确认所选择的控制措施能够实现对显著食品安全危害的预期控制。确认应在实施危害控制计划中的控制措施和控制措施的组合之前，任何变更之后进行。当确认结果表明控制措施不能实现预期的控制时，食品安全小组应修改和重新评估控制措施和（或）控制措施组合。修改可能包括控制措施［即过程参数、严格程度和（或）其组合］的变更和（或）原料的生产技术、终产品特性、分销方式和终产品预期用途的变更。食品安全小组应保存确认方法和控制措施能够实现预期的控制的证据文件。

4. 危害控制计划（HACCP/OPRP 计划）

企业应建立、实施和保存危害控制计划，并保留实施的证据作为文件化信息。

（四）产品和过程不符合的控制

企业应确保通过操作性前提方案和关键控制点的监视得到的数据由指定的人员进行评估，该人员应有能力并有权启动纠正和纠正措施。

1. 纠正

（1）当关键控制点的关键限值和（或）操作性前提方案的行动准则未满足要求时，企业应确保根据产品的用途和放行要求，识别、控制和处置受影响的产品。

（2）当操作性前提方案的行动准则未满足要求时，企业应进行评估并保留评估结果作为文件化信息。

（3）企业应保留文件化信息，以描述对不合格品和过程采取的纠正措施，包括以下几个方面：①不合格品的性质、规格、数量、批次、生产日期等关键信息；②导致产生不合格品的根本原因；③为解决问题所采取的直接行动；④实施纠正和预防措施的日期、责任人、具体步骤以及完成情况；⑤对实施的纠正和预防措施进行的后续监控和评估。

2. 纠正措施

当关键控制点的关键限值和（或）操作性前提方案的行动准则未满足要求时，应评估纠正措施的需求。企业应保留所有纠正措施的相关文件。

3. 潜在不安全品的处置

企业应采取措施防止潜在不安全品进入食品链，应保留已被识别的潜在不安全品在其控制下，直到产品评估和处置确定为止。当产品在企业的控制之外，并继而被确定为不安全品时，企业应通知相关方，并启动撤回/召回。相关方的控制、相关响应和处理潜在不安全品的授权应保留相关文件。

4. 撤回/召回

企业应授权有能力的人员启动和执行撤回/召回，以确保及时地撤回/召回被确定为不安全批次的终产品。撤回/召回产品及库存中受影响的产品应被封存或在企业的控制下予以保留，直到按照不合格品进行管理。对于撤回/召回的原因、范围和结果，应保留相关文件，并向最高管理者报告，作为管理评审的输入。企业应通过适宜的技术验证撤回/召回的可操作性和有效性（如模拟撤回/召回或实际撤回/召回），并保留文件化信息。

(五) ISO 22000 食品安全管理体系的验证

企业应建立、实施和保持验证活动。验证策划应规定验证活动的目的、方法、频次和职责。企业应确保验证活动不由负责监视同一活动的人员进行，同时应保存验证结果的文件，并应予以沟通。

当验证是基于对终产品样品或直接过程样品的测试，且测试样品的结果显示不符合食品安全危害的可接受水平时，企业应将受影响的产品批次作为潜在不安全品处理，并采取纠正措施。食品安全小组应当对验证结果进行分析，并将其作为 ISO 22000 食品安全管理体系绩效评价的记录。

任务实施

结合具体食品加工企业的情况，根据以上知识点完成所给任务单，任务单如表 7-8 所示。

表 7-8　ISO 22000 食品安全管理体系任务单

学生姓名：		班级：	日期：
任务分解	判断该企业在哪些方面采用了 ISO 22000 食品安全管理体系		
	写出 ISO 22000 食品安全管理体系的食品链		
	针对发现的问题写出几项纠正措施		

考核评价

ISO 22000 食品安全管理体系考核评价表如表 7-9 所示。

表 7-9　ISO 22000 食品安全管理体系考核评价表

学生姓名：		班级：		日期：
评价方式	考核项目	评价要求		评价分数
自我评价（20分）	相关知识	了解 ISO 22000 食品安全管理体系的内容		
	任务准备	查阅 ISO 22000 食品安全管理体系的相关资料		
同伴互评（20分）	参与度	1. 目标和分工 2. 任务完成效率	1. 高效完成分配任务 2. 及时总结和反馈	

续表

评价方式	考核项目		评价要求	评价分数
教师评价（60分）	课前	通用能力	课前预习任务	能说出 ISO 22000 食品安全管理体系与 HACCP 体系的不同	
	课中	专业能力	完成任务	1. 能说出 ISO 22000 食品安全管理体系的内容 2. 知道 ISO 22000 食品安全管理体系的适用范围 3. 能写出纠正措施	
		职业素养	发现并解决问题的能力	能有效运用 ISO 22000 食品安全管理体系进行案例分析	
	课后	知识拓展	信息化手段的应用	利用相关网络课程资源丰富知识体系	

思考练习

（1）ISO 22000 食品安全管理体系的含义是什么？
（2）ISO 22000 食品安全管理体系的适用范围是什么？

知识拓展

ISO 22000 与 HACCP 体系有何不同？

项目八 产品认证合规管理

学习目标

知识目标

（1）熟悉不同产品认证合规管理；
（2）理解绿色食品的认证管理；
（3）理解有机产品的认证管理；
（4）理解农产品地理标志产品的认证管理。

技能目标

（1）理解不同产品的认证程序；
（2）明确绿色食品的认证程序；
（3）明确有机产品的认证程序。

素质目标

（1）树立产品认证合规管理意识；
（2）具备以食品标准为行为准则的职业素质以及从标准层面保证食品质量和安全的职业意识。

项目导入

2024年3月18日上午，中国绿色食品发展中心召开全体干部职工大会（以下简称会议），学习贯彻习近平总书记的重要讲话，传达学习全国两会精神。会议由金发忠主任主持。

会议认真学习了全国两会期间习近平总书记在参加江苏代表团审议、看望参加政协会议的民建工商联界委员时的重要讲话以及在解放军和武警部队代表团发表的重要讲话，深入学习了习近平总书记在2024年春季学期中央党校（国家行政学院）中青年干部培训班开班之际做出的重要指示，传达学习了农业农村部党组关于学习贯彻全国两会精神的部署要求。会议指出，中国绿色食品发展中心全体干部职工要认真学习领悟习近平总书记的重要讲话，全面学习政府工作报告，深刻领悟"两个确立"的决定性意义，增强"四个意识"、坚定"四个自信"、做到"两个维护"，坚定推进中国式现代化的信心决心。要深入学习领悟、认真贯彻落实习近平总书记对年轻干部的殷切希望和作出的重要指示要求，加强理论学习，对党忠诚老实，厚植为民情怀，积极履职尽责，严守纪律规矩，勇于担当奉献，为绿色食品（绿色优质农产品）事业高质量创新发展贡献青春、智慧与力量。

会议要求，中国绿色食品发展中心全体党员干部职工要以习近平新时代中国特色社会主义思想为指导，深入贯彻党的二十大精神，将全国两会精神转化为做好工作的重要举措，认真贯彻落实部党组决策部署，扎实做好全年重点工作，推进以绿色有机地标为主体的绿色优质农产品高质量创新发展，为全面推进乡村振兴、加快建设农业强国做出新贡献；要通过理论学习中心组学习、青年理论学习、支部处室学习、专题领学、绿优讲台等形式，深学细悟习近平总书记关于"三农"工作的重要论述，深入学习习近平总书记关于新质生产力、科技创新等方面的重要指示、重要讲话；要立足支撑机关功能定位，围绕部党组中心工作和重要任务，抓紧制定服务部中心工作和履行主责主业重点任务清单，明确推进措施、进度安排和预期成效，不断开创以绿色有机地标为主体的绿色优质农产品工作新局面。

任务一　绿色食品的认证程序和管理

知识储备

【知识讲解】

绿色食品认证管理

一、绿色食品的认证程序

（一）申请

申请人向其所在省绿色食品管理办公室（简称省绿办）提交正式的书面申请，包括《绿色食品标志使用申请书》《企业及生产情况调查表》及相关材料。

（二）受理文审

省绿办收到申请材料后，进行登记、编号，并在 5 个工作日内完成对申请认证材料的审查工作，并向申请人发出《文审意见通知单》，同时抄送中国绿色食品发展中心认证处；申请认证材料不齐全的，要求申请人收到《文审意见通知单》后的 10 个工作日内提交补充材料；申请认证材料不合格的，通知申请人本生产周期不再受理其申请。

（三）现场检查

省绿办应在《文审意见通知单》中明确现场检查计划，并在计划得到申请人确认后委派 2 名或 2 名以上检查员进行现场检查。检查员根据《绿色食品检查员工作手册》和《绿色食品产地环境质量现状调查技术规范》中规定的有关项目进行逐项检查。每位检查员单独填写现场检查表和检查意见。现场检查和环境质量现状调查工作在 5 个工作日内完成，在完成后的 5 个工作日内向省绿办递交现场检查评估报告和环境质量现状调查报告及有关调查资料。

现场检查合格后，可以安排产品抽样。凡申请人提供了近一年内绿色食品定点产品监测机构出具的产品质量检测报告，并经检查员确认，符合绿色食品产品检测项目和质量要求的，免产品抽样检测。当时可以抽到适抽产品的，检查员依据《绿色食品产品抽样技术规范》进行产品抽样，并填写《绿色食品产品抽样单》，同时将抽样单抄送中国绿色食品发展中心认证处。当时无适抽产品的，检查员与申请人当场确定抽样计划，同时将抽样计划抄送中国绿色食品发展中心认证处。申请人将样品、产品执行标准、《绿色食品产品抽样单》和检测费寄送至绿色食品定点产品监测机构。现场检查不合格的，不安排产品抽样。

（四）环境监测

绿色食品产地环境质量现状调查由检查员在现场检查时同步完成。经调查确认，产地环境质量符合《绿色食品产地环境质量现状调查技术规范》规定的免测条件的，可免除环境监测。根据《绿色食品产地环境质量现状调查技术规范》的有关规定，经调查确认，有必要进行环境监测的，省绿办自收到调查报告2个工作日内以书面形式通知绿色食品定点环境监测机构进行环境监测，同时将通知单抄送中国绿色食品发展中心认证处。定点环境监测机构在收到通知单后的40个工作日内出具环境监测报告并连同填写的《绿色食品环境监测情况表》直接报送中国绿色食品发展中心认证处，同时抄送省绿办。

（五）产品检测

绿色食品定点产品监测机构在收到样品、产品执行标准、《绿色食品产品抽样单》、检测费后的20个工作日内完成检测工作，出具产品检测报告并连同填写的《绿色食品产品检测情况表》报送中国绿色食品发展中心认证处，同时抄送省绿办。

（六）认证审核

省绿办收到检查员现场检查评估报告和环境质量现状调查报告后，在3个工作日内签署审查意见，并将认证申请材料、检查员现场检查评估报告、环境质量现状调查报告及《省绿办绿色食品认证情况表》等材料报送中国绿色食品发展中心认证处。中国绿色食品发展中心认证处收到省绿办报送材料、环境监测报告、产品检测报告及申请人直接寄送的《申请绿色食品认证基本情况调查表》后，进行登记、编号，在确认收到最后一份材料后的2个工作日内下发受理通知书，书面通知申请人，并抄送省绿办。中国绿色食品发展中心认证处组织审查人员及有关专家对上述材料进行审核，在20个工作日内作出审核结论。审核结论为"有疑问，需现场检查"的，中国绿色食品发展中心认证处在2个工作日内完成现场检查计划，书面通知申请人，并抄送省绿办；得到申请人确认后，在5个工作日内派检查员再次进行现场检查。审核结论为"材料不完整或需要补充说明"的，中国绿色食品发展中心认证处向申请人发送《绿色食品认证审核通知单》，同时抄送省绿办。申请人须在20个工作日内将补充材料报送中国绿色食品发展中心认证处，并抄送省绿办。审核结论为"合格"或"不合格"的，中国绿色食品发展中心认证处将认证材料、认证审核意见报送绿色食品评审委员会。

（七）认证评审

绿色食品评审委员会在收到认证材料、中国绿色食品发展中心认证处审核意见后的10个工作日内进行全面评审，并作出认证终审结论。认证终审结论分为两种情况：认证合格和认证不合格。结论为"认证合格"的，中国绿色食品发展中心认证处颁发证书。结论为"认证不合格"的，绿色食品评审委员会秘书处在作出终审结论后的2个工作日内，将《绿色食品认证结论通知单》发送申请人，并抄送省绿办，本生产周期不再受理其申请。

（八）颁证

中国绿色食品发展中心认证处在5个工作日内将办证的有关文件寄送"认证合格"

申请人,并抄送省绿办。申请人在 60 个工作日内与中国绿色食品发展中心认证处签订《绿色食品标志商标使用许可合同》。中国绿色食品发展中心认证处主任签发证书。

二、绿色食品的认证管理

为加强绿色食品标志使用管理,确保绿色食品信誉,促进绿色食品事业健康发展,维护生产经营者和消费者的合法权益,根据《中华人民共和国农业法》《食品安全法》《农产品质量安全法》和《中华人民共和国商标法》,制定《绿色食品标志管理办法》。《绿色食品标志管理办法》所称绿色食品,是指产自优良生态环境、按照绿色食品标准生产、实行全程质量控制并获得绿色食品标志使用权的安全、优质食用农产品及相关产品。绿色食品标志依法注册为证明商标,受法律保护。

根据质量差别及我国农业、食品工业生产加工及管理水平,我国将绿色食品分为 A 级和 AA 级两个产品等级。A 级绿色食品,是在环境质量符合标准的生产区,限量使用化学合成物质,按照一定的规程生产、加工、包装并经检验符合标准的产品。A 级绿色食品尽管允许有限度地使用某些种类的化学肥料,但仍以有机肥为主,其使用量应占总用肥量的一半以上,且最后一次施肥应与收获期有一定间隔。AA 级绿色食品,是在环境质量符合标准的生产区,不使用任何有害的化学合成物质,按照一定的规程生产、加工、包装,并经检验合乎标准的产品。AA 级绿色食品允许使用含有磷、钾、钙元素的矿物肥,倡导使用腐熟的有机肥料、绿肥和生物肥,不允许使用城市垃圾作肥料,养殖中不允许使用化学饲料添加剂和抗生素,在加工中不允许使用化学食品添加剂和其他对环境与健康有害的物质。

申请使用绿色食品标志的产品,应当符合《食品安全法》和《农产品质量安全法》等法律法规的规定,在国家工商总局商标局核定的范围内,并具备下列条件:①产品或产品原料产地环境符合绿色食品产地环境质量标准;②农药、肥料、饲料、兽药等投入品的使用符合绿色食品投入品使用准则;③产品质量符合绿色食品产品质量标准;④包装储运符合绿色食品包装储运标准。

申请使用绿色食品标志的生产单位应当具备下列条件:①能够独立承担民事责任;②具有绿色食品生产的环境条件和生产技术;③具有完善的质量管理和质量保证体系;④具有与生产规模相适应的生产技术人员和质量控制人员;⑤具有稳定的生产基地;⑥申请前三年内无质量安全事故和不良诚信记录。

◎ 任务实施

根据以上知识点完成所给任务单,任务单如表 8-1 所示。

表 8-1 绿色食品的认证程序和管理任务单

学生姓名:		班级:		日期:	
任务分解	查找绿色食品生产记录表				
	模拟填写绿色食品生产记录表				

◎ 考核评价

绿色食品的认证程序和管理考核评价表如表 8-2 所示。

表 8-2 绿色食品的认证程序和管理考核评价表

学生姓名：　　　　　　　　班级：　　　　　　　　日期：

评价方式	考核项目		评价要求		评价分数
自我评价 (20分)	相关知识		了解绿色食品的认证程序		
	任务准备		了解绿色食品的认证管理		
同伴互评 (20分)	参与度		1. 目标和分工 2. 任务完成效率	1. 高效完成分配任务 2. 及时总结和反馈	
教师评价 (60分)	课前	通用能力	课前预习任务	能说出绿色食品的认证程序	
	课中	专业能力	完成任务	1. 学习绿色食品的认证程序 2. 学习绿色食品的认证管理	
		职业素养	发现并解决问题的能力	明确绿色食品的认证管理的地位及其在实际工作中的应用	
	课后	知识拓展	信息化手段的应用	利用相关网络课程资源丰富相关知识体系	

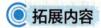 思考练习

绿色食品的认证程序是什么？

拓展内容

绿色食品

任务二　有机产品的认证程序及认证和标志管理

知识储备

【知识讲解】

有机食品的认证管理

一、有机产品的认证程序

（一）有机产品的认证流程

（1）申请人向有机产品认证中心提出正式申请，领取《有机产品认证申请表》并交纳申请费。

（2）申请人填写《有机产品认证申请表》，同时领取《有机产品认证调查表》和《有机产品认证书面资料清单》。

（3）有机产品认证中心要求申请人按有机产品生产、加工、标识与管理体系的要求（GB/T 19630—2019），建立本企业的质量管理体系、质量保证体系的技术措施和质量信息追踪及处理体系。

（二）有机产品的认证条件

（1）具有独立的法人资格。

（2）有3名以上具有相关专业高级技术职称和5名以上具有相关专业中级技术职称，并专职从事有机产品认证的技术人员。

（3）具备从事有机产品认证活动所需的资金、设施、固定工作场所及其他有关的工作条件。

有机产品认证实施规则是规范我国有机产品认证管理和监督的标准，包括有机产品生产、加工、储存、运输和销售等方面的要求。有机产品认证可帮助消费者选择更健康、环保的食品和农产品。

有机产品认证实施规则由我国政府制定，旨在推动有机农业、有机食品、有机药材等有机产品的生产、销售和认证管理，保障公众的食品安全和健康。该规则主要包括有机产品的管理、监督、认证机构的资质，产品标识等方面的规定。有机产品认证实施规则对有机产品生产、加工、储存、运输和销售等方面都作出了详细的要求和规定。例如，对于有机产品生产，要求必须使用有机肥料和无机合成物质，保护生态系统和自然资源；对于有机产品加工、储存和运输，要求使用无污染的环境和设备，并且采取严格的控制措施以确保产品的有机性质不受污染；同时，在销售和标识方面，要求必须保证有机产品标准的合规性，并防止虚假宣传。有机产品认证实施规则的实施可帮助消费者选择更健康、更环保的食品和农产品，也有助于推动我国农业产业的可持续发展。

二、有机产品的认证管理

从事有机产品生产经营的单位或个人，必须按《有机产品认证管理办法》第三章的规定，并根据其拟从事的有机产品经营活动的种类，向有机产品认证机构申请下列种类的有机产品认证，取得相应的有机产品认证证书：①有机产品基地生产认证；②有机产品加工认证；③有机产品贸易认证。

申请有机产品认证的单位或个人，应向有机产品认证机构提出书面申请，并提供营业执照或证明其合法经营的其他资质证明。申请有机产品基地生产认证的，还须提交基地环境质量状况报告及有机产品技术规范中规定的其他相关文件。申请有机产品加工认证的，还须提交加工原料来源为有机产品的证明、产品执行标准、加工工艺（流程、程序）、市（地）级以上环境保护行政主管部门出具的加工企业污染物排放状况和达标证明，以及有机产品技术规范中规定的其他相关文件。申请有机产品贸易认证的，还须提交贸易产品来源为有机产品的证明及有机产品技术规范中规定的其他相关文件。

有机产品认证机构应在收到书面申请及有关材料后的 10 个工作日内提出是否受理的意见。对不予受理的，应说明理由。

有机产品认证机构应在同意受理之日起的 90 个工作日内组织完成认证。

经认证合格的，由有机产品认证机构根据其申请及认证的有机产品认证种类，颁发有机产品基地生产证书、有机产品加工证书或有机产品贸易证书（以下简称有机产品认证证书）。

有机产品认证证书的格式由有机产品认可委员会统一规定。有机产品认证证书必须在限定的范围内使用。

任何单位和个人不得伪造、涂改、转让有机产品认证证书。

有机产品认证证书有效期为 2 年。有机产品生产经营单位或个人在有机产品认证证书有效期届满后需要继续使用有机产品认证证书的，必须在期满前 1 个月内向原有机产品认证机构重新提出申请。其经营的有机产品未获得重新认证的单位或个人，不得继续使用有机产品认证证书。有机产品认证的样品检测工作由经有关部门认可的检验机构承担。有机产品基地环境质量状况监测工作由地（市）级以上环境保护行政主管部门所属的环境监测站承担。

在有机产品认证证书的有效期内，有下列情形之一的，有机产品生产经营单位或个人应向原有机产品认证机构办理变更手续：①持证单位或个人发生变更的；②有机产品类型（规格）变更的；③有机产品名称变更的；④使用新商标的；⑤有机产品加工原料来源或有机产品贸易产品来源发生变更的。

有机产品生产经营单位或个人，应遵守下列规定：①接受有机产品认证机构的监督检查；②认证内容发生变更的，应及时向有机产品认证机构报告变更情况，并办理变更手续；③建立有机产品经营管理制度及生产、加工和贸易的档案；④进行有机产品销售宣传时，必须保证宣传内容的真实性；⑤对本单位从事有机产品业务的工作人员进行岗位培训。

取得有机产品基地生产证书的单位或个人应当划定地域范围，标注地理位置，设立保护标志，及时予以公告。

三、有机产品的标志管理

取得有机产品认证证书的单位或个人，可以在其有机产品认证证书规定的标签、包装、广告、说明书上使用有机产品标识。有机产品标志的图形式样由有机产品认可委员会统一规定。使用有机产品标志时，可根据需要等比例放大或缩小，但不得变形、变色。使用有机产品标志时，应在标志图形的下方同时标注该产品的有机产品认证证书号码。有机产品标志必须在限定的范围内使用。任何单位和个人不得伪造、涂改、转让有机产品标志。在生产、加工或销售过程中有机产品受到污染或与非有机产品发生混淆时，有机产品生产经营单位或个人必须及时通报原有机产品认证机构，对该产品停止使用有机产品标志，并不得再作为有机产品生产、加工或销售。

◉ **任务实施**

根据以上知识点完成所给任务单，任务单如表 8-3 所示。

表 8-3　有机产品的认证程序及认证和标志管理任务单

学生姓名：　　　　　　　　　班级：　　　　　　　　　日期：

任务分解	查阅有机大米的标准	
	分别担任不同角色（企业内部检查员、有机产品认证机构检查员、检测机构检验员等），研究并确定有机产品认证机构	
	填写有机产品认证申请书	

考核评价

有机产品的认证程序及认证和标志管理考核评价表如表 8-4 所示。

表 8-4　有机产品的认证程序及认证和标志管理考核评价表

学生姓名：　　　　　　　　　班级：　　　　　　　　　日期：

评价方式	考核项目		评价要求		评价分数
自我评价（20 分）	相关知识		了解有机产品的相关标准		
	任务准备		了解有机产品的认证管理		
同伴互评（20 分）	参与度		1. 目标和分工 2. 任务完成效率	1. 高效完成分配任务 2. 及时总结和反馈	
教师评价（60 分）	课前	通用能力	课前预习任务	能说出有机产品的认证程序	
	课中	专业能力	完成任务	1. 能查阅有机产品的标准 2. 能分工确定有机产品认证机构 3. 能完成有机产品的认证申请	
		职业素养	发现并解决问题的能力	明确有机产品的认证管理的地位及其在实际工作中的应用	
	课后	知识拓展	信息化手段的应用	利用相关网络课程资源丰富相关知识体系	

思考练习

（1）简述有机产品的认证程序。
（2）有机产品的内部检查员的职责是什么？

知识拓展

有机产品

任务三　农产品地理标志的认证程序和管理

📘 知识储备

【知识讲解】

农产品地理标志产品的认证管理

一、农产品地理标志的认证程序

根据《农产品地理标志管理办法》的规定，农业部负责全国农产品地理标志的登记工作，农业部农产品质量安全中心负责农产品地理标志登记的审查和专家评审工作。省级人民政府农业行政主管部门负责本行政区域内农产品地理标志登记申请的受理和初审工作。农业部设立的农产品地理标志登记专家评审委员会负责专家评审。

农产品地理标志的认证程序如下。

(1) 申请人向省农产品质量安全中心提出申请并提交申报材料。

(2) 省农产品质量安全中心对材料进行初审和现场检查。

(3) 报送农业部农产品质量安全中心。

(4) 农业部农产品质量安全中心对材料进行审查并组织专家评审。

(5) 农业部农产品质量安全中心代表农业部对社会公示。

(6) 若社会无异议，则由农业部做出登记决定公告。

(7) 颁发证书。

二、农产品地理标志的认证管理

为规范农产品地理标志的使用，保证农产品的品质和特色，提升农产品市场竞争力，依据《中华人民共和国农业法》《农产品质量安全法》的相关规定，制定《农产品地理标志管理办法》。《农产品地理标志管理办法》所称农产品是指来源于农业的初级产品，即在农业活动中获得的植物、动物、微生物及其产品。《农产品地理标志管理办法》所称农产品地理标志，是指标示农产品来源于特定地域，产品品质和相关特征主要取决于自然生态环境和历史人文因素，并以地域名称冠名的特有农产品标志。我国对农产品地理标志实行登记制度，经登记的农产品地理标志受法律保护。

省级人民政府农业行政主管部门负责本行政区域内农产品地理标志登记申请的受理和初审工作。农业部设立的农产品地理标志登记专家评审委员会负责专家评审。农产品地理标志登记专家评审委员会由种植业、畜牧业、渔业和农产品质量安全等方面的专家组成。农产品地理标志登记不收取费用。县级以上人民政府农业行政主管部门应当将农产品地理标志管理经费编入本部门年度预算。县级以上地方人民政府农业行政主管部门应当将农产品地理标志保护和利用纳入本地区的农业和农村经济发展规划，并在政策、资金等方面予以支持。

国家鼓励社会力量参与推动农产品地理标志发展。

申请农产品地理标志登记的农产品应当符合下列条件：①称谓由地理区域名称和农产品通用名称构成；②有独特的品质特性或者特定的生产方式；③品质和特色主要取决于独特的自然生态环境和人文历史因素；④有限定的生产区域范围；⑤产地环境、质量符合国家强制性技术规范要求。

农产品地理标志登记申请人为县级以上地方人民政府根据下列条件择优确定的农民专业合作经济组织、行业协会等组织。

（1）具有监督和管理农产品地理标志及其农产品的能力。

（2）具有为农产品生产、加工、营销提供指导服务的能力。

（3）具有独立承担民事责任的能力。

符合农产品地理标志登记条件的申请人可以向省级人民政府农业行政主管部门提出登记申请，并提交下列申请材料：①登记申请书；②申请人资质证明；③农产品典型特征特性描述和相应农产品品质鉴定报告；④产地环境条件、生产技术规范和农产品质量安全技术规范；⑤地域范围确定性文件和生产地域分布图；⑥农产品实物样品或者样品图片；⑦其他必要的说明性或者证明性材料。

省级人民政府农业行政主管部门自受理农产品地理标志登记申请之日起，应当在45个工作日内完成申请材料的初审和现场核查，并提出初审意见。符合条件的，将申请材料和初审意见报送农业部农产品质量安全中心；不符合条件的，应当在提出初审意见之日起10个工作日内将相关意见和建议通知申请人。

农业部农产品质量安全中心应当自收到申请材料和初审意见之日起20个工作日内，对申请材料进行审查，提出审查意见，并组织专家评审。专家评审工作由农产品地理标志登记专家评审委员会承担。农产品地理标志登记专家评审委员会应当独立做出评审结论，并对评审结论负责。经专家评审通过的，由农业部农产品质量安全中心代表农业部对社会公示。

有关单位和个人有异议的，应当自公示截止日起20个工作日内向农业部农产品质量安全中心提出。公示无异议的，由农业部做出登记决定并公告，颁发《中华人民共和国农产品地理标志登记证书》，公布登记农产品相关技术规范和标准。专家评审没有通过的，由农业部做出不予登记的决定，书面通知申请人，并说明理由。农产品地理标志登记证书长期有效。

有下列情形之一的，农产品地理标志登记证书持有人应当按照规定程序提出变更申请：①农产品地理标志登记证书持有人或者法定代表人发生变化；②地域范围或者相应自然生态环境发生变化。

任务实施

根据以上知识点完成所给任务单，任务单如表8-5所示。

表 8-5 农产品地理标志的认证程序和管理任务单

学生姓名：		班级：	日期：
任务分解	以当地特色农产品为例搜集农产品地理标志认证申请所需要的资料		
	模拟农产品地理标志认证申请		
	列举建立农产品地理标志管理系统所需的手段		

考核评价

农产品地理标志的认证程序和管理考核评价表如表 8-6 所示。

表 8-6 农产品地理标志的认证程序和管理考核评价表

学生姓名：   班级：   日期：

评价方式	考核项目		评价要求		评价分数
自我评价 （20 分）	相关知识		了解农产品地理标志标准体系		
	任务准备		了解农产品地理标志认证的程序和管理		
同伴互评 （20 分）	参与度		1. 目标和分工 2. 任务完成效率	1. 高效完成分配任务 2. 及时总结和反馈	
教师评价 （60 分）	课前	通用能力	课前预习任务	能说出农产品地理标志标准体系的主要内容	
	课中	专业能力	完成任务	1. 明确农产品地理标志认证的申请资料 2. 会进行农产品地理标志的认证 3. 能利用互联网等手段对农产品地理标志进行管理	
		职业素养	发现并解决问题的能力	能运用物联网等推进农产品地理标志的认证	
	课后	知识拓展	信息化手段的应用	利用相关网络课程资源丰富相关知识体系	

思考练习

（1）我国实施农产品地理标志认证的意义是什么？

（2）农产品地理标志分别由哪些机构认证？哪些农产品地理标志是非公益性、需要付费使用的？

知识拓展

新农业的风貌

参考文献

[1] 李冬霞，李莹. 食品标准与法规［M］. 北京：化学工业出版社，2020.

[2] 张建新，于修烛. 食品标准与技术法规［M］. 3版. 北京：中国农业出版社，2020.

[3] 昊澎，李宁阳，张淼. 食品法律法规与标准［M］. 3版. 北京：化学工业出版社，2021.

[4] 胡秋辉，王承明，石嘉怿. 食品标准与法规［M］. 3版. 北京：中国质检出版社，中国标准出版社，2020.

[5] 全国人大常委会法制工作委员会. 食品法律法规文件汇编［M］. 北京：化学工业出版社，2005.

[6] 国务院法制办公室. 中华人民共和国新法规汇编［M］. 北京：中国法制出版社，2009.

[7] 《食品安全法律法规规章政策汇编》编写组. 食品安全法律法规规章政策汇编［M］. 北京：中国民主法制出版社，2015。

[8] 司法部. 新编中华人民共和国常用法律法规全书［M］. 北京：中国法制出版社，2023.

[9] 国家标准化管理委员会. 中华人民共和国国家标准目录及信息总汇［M］. 北京：中国标准出版社，2023.

[10] 国家标准化管理委员会. 中国标准化年鉴［M］. 北京：中国标准出版社，2023.

[11] 中国标准出版社. 中国国家标准汇编［M］. 北京：中国标准出版社，2019.

[12] 技术标准出版社. 中华人民共和国工农业产品国家标准和部标准目录［M］. 北京：技术标准出版社，1972.

[13] 中华人民共和国国家质量监督检验检疫总局，中国国家标准化管理委员会. 标准化工作指南 第1部分：标准化和相关活动的通用术语：GB/T 20000.1—2014［S］. 北京：中国标准出版社，2014.

[14] 中华人民共和国卫生部. 食品安全国家标准 预包装食品标签通则：GB 7718—2011［S］. 北京：中国标准出版社，2011.

[15] 中华人民共和国国家质量监督检验检疫总局，中国国家标准化管理委员会. 团体标准化 第1部分：良好行为指南：GB/T 20004.1—2016［S］. 北京：中国标准出版社，2016.

[16] 中华人民共和国国家卫生健康委员会，国家市场监督管理总局. 食品安全国家标准 食品添加剂使用标准：GB 2760—2024［S］. 北京：中国标准出版社，2024.

[17] 中华人民共和国国家卫生和计划生育委员会，国家食品药品监督管理总局. 食品安全国家标准 食品中真菌毒素限量：GB 2761—2017［S］. 北京：中国标准出版社，2017.

[18] 中华人民共和国国家卫生健康委员会，国家市场监督管理总局. 食品安全国家标准 食品中污染物限量：GB 2762—2022［S］. 北京：中国标准出版社，2022.

[19] 中华人民共和国国家卫生健康委员会，中华人民共和国农业农村部，国家市场监督

管理总局. 食品安全国家标准 食品中农药最大残留限量：GB 2763—2021 [S]. 北京：中国标准出版社，2021.

[20] 中华人民共和国卫生部. 食品安全国家标准 食品营养强化剂使用标准：GB 14880—2012 [S]. 北京：中国标准出版社，2012.

[21] 中华人民共和国国家质量监督检验检疫总局，中国国家标准化管理委员会. 食品安全管理体系 食品链中各类组织的要求：GB/T 22000—2006 [S]. 北京：中国标准出版社，2006.

[22] 中华人民共和国国家卫生和计划生育委员会，国家食品药品监督管理总局. 食品安全国家标准 食品中黄曲霉毒素 B 族和 G 族的测定：GB 5009.22—2016 [S]. 北京：中国标准出版社，2016.

[23] 中华人民共和国国家卫生健康委员会，国家市场监督管理总局. 食品安全国家标准 预包装食品中致病菌限量：GB 29921—2021 [S]. 北京：中国标准出版社，2021.

[24] 中华人民共和国国家卫生和计划生育委员会，国家食品药品监督管理总局. 食品安全国家标准 食品中铝的测定：GB 5009.182—2017 [S]. 北京：中国标准出版社，2017.

[25] 中华人民共和国国家卫生和计划生育委员会，国家食品药品监督管理总局. 食品安全国家标准 食品中蛋白质的测定：GB 5009.5—2016 [S]. 北京：中国标准出版社，2016.

[26] 王俏，周海燕，毕孝瑞，等. 我国食品标准体系在食品安全监管过程中的应用及现存问题 [J]. 中国食品卫生志，2023，35（3）：421-435.

[27] 邓莹. 俄罗斯食品安全法律制度研究 [D]. 哈尔滨：黑龙江大学，2024.